IHMISTEN JA MANNERTEN LIIKUNNOT

kuvat ja mielikuvat

Juhani Kahelin

Kustantaja: BoD - Books on Demand, Helsinki, Suomi
Valmistaja: Books on Demand, Norderstedt, Saksa

ISBN 978-952-802-124-7

AIHEISTO

TAUSTAA

1. VIISAUDEN KATO
Millainen ympäristö virittää luovuutta
Lucretius varoittaa Eurooppaa
Pompeji kuin Helsingin Kumpula
Välimeren vai Pohjolan henki
Arabikulttuuri, Viisauden talo
Henkinen ilmapiiri Suomessa

2. HERKKYYDEN KATO
Bauhaus-henki himmeni
Japani - jumaltan jatkumo
Ranskalaisia fragmentteja
Sisäisesti kaunis ei voi olla kuuliainen
En voi, en voi, sanoi Frida Kahlo

3. MAAILMA HAKEE ITSEÄÄN
Kiehtovaa käydä New Yorkissa
Risteilevät kulttuurit
Afrikan tulevaisuus / Tansania
Ole kiveä, olet keveä, Afrikka kelluu
EU elvyttää orjatalouden?
Euroopan vaihtoehdot - mikä puuttuu
Vapauden meri - Käsmyn lahti

4. MAAILMASTA YLIJÄÄNEET
Hiljainen mies torilla
Syyllistetyt
Matka saamelaiskonferenssiin
Matka halki itäisen Suomen

JOHDATUS TRILOGIAN JATKO-OSIIN

TAUSTAA

Ihmisten ajattelu on altis lukkiutumaan. Lukkiumia on välillä rasvattava, avattava tai opittava pitämään ovet avoinna. Lukkiumien avaajia on ajattelun historiassa ollut kautta aikain: Ovidius, Boccaccio, Cervantes, Rabelais, More, Montaigne, Swift, Kivi, Huizinga, Keskiajan syksy, Leikkivä ihminen.

Vuoden 800 tienoilla Bagdadissa toimi Viisauden talo. Tuonaikaisesta kulttuurista kirjan kirjoittanut Jonathan Lyons kuvaa ajan älyllistä ilmapiiriä: antiikin lähteitä käytettiin lähtökohtina, ei omaksuttavina päämäärinä, niitä kommentoitiin ja muokattiin.

Viisauden kehitys on prosessi. Ei pidä vältellä keskeneräisiäkään töitä, neuvoivat nuoret tutkijat Tieteenpäivillä 2019. Niinpä tästäkin kirjasta löytyy tekstejä, joiden aihepiiriä ja sisältöä voisi monin tavoin kehitellä. Saakoot muut ideoita, ehkä joku innostuu jatkamaan - aion kehitellä itsekin.

Käsillä oleva kooste liittyy maailmalla liikkumiseen, omaan tai muiden, eri maihin, maanosiin, paikkoihin, niistä saatuihin virikkeisiin. Olen ajatellut kirjalle myös jatkoa, ehkä kaksi osaa. Aihepiireinä jatkossa olisivat 1) tieteen ja yliopiston maailma, 2) kirjallisuuden ja kulttuurin maailma.

Maailma on paitsi lukittu myös totinen ja vihainen. Sapiens-kirjan kirjoittaja Harari sanoo että ihminen erottui eläimestä kyvyllään kuvitella. Kuvittelua maailma kaipaa. Leikkisyyskään ei ole pahaksi.

Miellyn kirjoitelmiin joista huokuu uteliaisuus, maantasaisuus mutta myös avaruuteen karkailu, älyllinen leikkisyys, Lauri Viidan sanoin kukunorin seikkailu.

Pohjavireenä tässä kirjassa silti on vankka asiallisuus. Kirjoitelmat Afrikasta, eri puolilta Amerikkaa, Italiasta, Lapista nojaavat läpileikkaaviin kysymyksiin. Ehkä ne toimivat virikkeinä ja alustana ajattelun ja tietämyksen kehittelylle.

Mitä on kirjallisuus? Kirjallisuus on rajaava instituutio kuten politiikka ja tiedekin. Kenet nostetaan, kenet vaietaan. On paras olla välittämättä rajaavista käytännöistä ja väheksynnästä. On paras tehdä itse.

Ehkä olen sukua Leonardolle jonka kiinnostuksella ei ollut rajaa. Leonardo piirsi ja piirsi, mietti ja mietti, kokeili ja kokeili. Syntyi Mona jota miljoonat rientävät katsomaan puoli vuosituhatta myöhemmin. Niin minullakin, aiheet ja esittämistapa virtailevat maan syvyyksistä tunturin laelle. Ajatuksen täytyy saada karata jos siltä tuntuu.

Kluuvissa, kirjastojen keskellä helmikuussa 2020

1. VIISAUDEN KATO

Millainen ympäristö virittää luovuutta

Tanskanmaalla retkeili tieteen toimittaja samaan aikaan kun Lordi nauratti Eurooppaa. Kuka naurattaisi tieteen maailmaa? Millainen ympäristö ruokkii mielikuvitusta, keksimistä, irrottelua? Mistä kumpuaa älyllinen uteliaisuus, pohdiskelu? Ovatko tietynlaiset luonnonolot tai sosiaaliset olot otollisia?

Aineksia kysymysten pohdintaan antoi matkamme Tanskanmaalle. Kävimme Nils Bohr -instituutissa, Kööpenhaminen yliopiston fysiikan laitoksella, tiedeministeriössä, pohjoismaisessa ministerineuvostossa, medioiden ajatushautomoissa, Louisiana -taidemuseossa, Karen Blixen -museossa ja - ennen kaikkea - Tyko Brahen jäljillä Venin saarella.

Kööpenhaminasta matkasimme merta pitkin tunnin tai pari. Sama saari, Ven, häämötti edessämme ain, meri, salmi, vastarannalla Ruotsi. Valoa, avaruutta, maata, merta, tuulta ja tyyntä, pohjolan taivas, meritie itään ja länteen, luonnon suloa ja aaltojen uhoa. Näissä maisemissa ovat innoittuneet Brahe, Blixen, taidemuseon ideoijat, aineen syvyyksiin syventyjät. Saatko yhtä vauhdikkaan potkun ajatuksillesi, jos olet syntynyt korven kuiskeeseen Suomessa, ehkä et, vähintäänkin erilaisen.

Maisemaa katsellessa mieleen tuli toimittajien matka Egyptiin muutama vuosi aiemmin. Jyrkät vastakohdat, erämaan polttava hiekka ja viheriöivä maa tunkevat siellä toisiinsa. Niilin virta tuo veneen alas, purjeeseen puhaltava tuuli kantaa ylös, virta ja tuuli, energian liikkeet, auringosta peräisin molemmat. Joen vesi nousee laskee rytmissä. Aurinko kaartaa taivaan yli, keskipistettä hipoen, paahtaa pään. Valo ja varjo, taivas ja maa, elämä ja tuoni, myötävirta ja vastavirta, kuuma ja kylmä, hetki ja ikuisuus, vastakohdat syleilevät sinua joka puolelta. Mielikuvituksesi karkaa, ei tottele pohjan jähmeyttä. Pohdit olioiden ja tapahtumien leikkiä. Varjon avulla mittaat maapallon mitan. Vuosituhantinen kulttuuri laskuineen ja nousuineen syntyy synnyttämättä.

Tai menepä Ateenaan. Joka hetki silmäsi kantaa lähelle ja kauas, kukkulalta laaksoon ja laaksosta kukkulalle, huipulta toiselle, vuorille, merelle. Kukkulat kylpevät valossa. Mikä on tämän ja tuon huipun etäisyys, entä rinteen kaltevuus, miksi varjo kulkee näin, miksi taivaan tähdet kiertävät noin, mihin aurinko laskeutuu. Mielesi luo viivoja, syntyy kulmia, lukuja, suhteita, kuvioita, kolmioita, periaatteita, aksioomia, sääntöjä. Kas, kädessäsi on geometria, maan mittaus ja kuvioiden kuvioitu leikki, annos astronomiaa, palatsien ja pylväiden taju, saumojen kohdinko, mielesi kehittelee yhteiskunnan ja valtion periaatteita, puet ihmisten tyhmyyden tai viisauden näytelmiksi, perustat akatemian tai keskustelet kadunkulmassa.

Ei Louisianan taidemuseotakaan ollut annettuna olemassa. Jonkun piti saada idea, kehitellä, valikoida, muotouttaa. Tuoda yhteen taide, arkkitehtuuri ja luonto, avata väen käytäväksi. Maataiteilija loi museolle teoksen, minkä kautta astut varjosta valoon. Avaruus, valo, valon ja varjon leikki - tämän ympärillä askartele tiede ja taide, elämä, ja mielikuvitus. Kyky kuvitella erotti ihmisen eläimestä, sanoo Harari.

Venin saarella professori selostaa, kuinka Tyko Brahe lähestyi häntä askarruttaneita ihmeitä. Tyko ei aloittanut suurista filosofioista. Hän avainnoi, kehitteli laitteita, kirjasi muistiin, laski, laati taulukoita, teki laskelmista päätelmiä. Miksi Marsin rata ei ole sellainen kuin sen oppien mukaan piti olla? Tyko valitsi pienen yksilöidyn ongelman.

Brahen metodiikkaa soisi sovellettavan yhteiskuntaan, kulttuuriin, politiikkaan. Millaisiin kysymyksiin, tutkimusasetelmiin ja metodologioihin silloin päädytään? Jääköön vakausteoriat, kasvuteoriat, tasapainoteoriat.

Ministeriön virkailija kertoi valtion strategioista. Tanskaan luodaan maailmanluokan yliopistoja. Mutta eikö niitä luoda joka maahan. Tämäkin Aalto, muka maailman huippu. Tanskan hallitus oli laatinut globalisaatiostrategian. Ensi kertaa vuosikymmeniin kansa marssi kaduille osoittamaan mieltä hallitusta vastaan.

Vastaavia strategoita rakennellaan Suomessa. Kriittinen ääni yleisön joukossa, sattumoisin ministeriön virkamies hänkin, kommentoi: strategiat ovat ahneen luokan tarve varmistaa tulevaisuutensa.

Strategiat ovat armeijan kieltä, lähtevät ylätason opeista, makrotieteen malleista, ekonomistien teorioista, talouden, yhteiskunnan ja tiedemaailman rakenteista, ovat vallantäyteisiä. Tyko Brahen esikuvaa seuraten hakisimme maanläheisempiä kysymyksiä, emme ottaisi käsitteitä tai näkökulmia annettuina, panisimme merkille ristiriidat ja jännitteet, havainnoisimme ohi vallitsevain teoriain, instituutioiden ja akatemiain. Menisimme lehtoon kuten Platon. Astumme kadulle, teemme matalaa tutkimusta. Tyko Brahe kaivautui maahan, ettei tuulet laitteita heiluta. Siinä kuopassa mekin kävimme.

Huipulla tuulee, kuin euroviisuissa. Kansat valitsivat viisuissa mörön. Mörköily etsii kokemusta, tuntemusta. Tiede strategioituu, huiputtuu.

Tarvitaan irtautumista, vastakohdille avautumista, syrjittyjen akatemiaa kuten Ateenassa. Ei ole valoa ilman varjoa.

Läntinen maailma suorittaa ja suorituttaa. Suorittaminen on ennalta annettua, urauttamista, lokerointia, vailla mielikuvitusta. Egyptin Eratosthenes tai Tanskan Tyko Brahe eivät suostunut suorittajiksi, he mittailivat ja laskeskelivat varjojensa pituutta, kaivon kupeessa tai kuopan pohjalla.

Lucretius varoittaa Eurooppaa

Osuva kuva ajastamme ei löydy Davosin talousfoorumilta, ei ekonomisteilta, ei puolueilta, ei Me-säätiöltä. Osuva kuvaus löytyy Marcus Lucretiukselta kahden vuosituhannen takaa. Se on opettava ja varoittava kuva.

Italian sosiaalisten olojen kehitys - aikamme täsmäkuvaus

On opettavaista lukea mitä Marcus Lucretius kertoo silloisen Italian väestöoloista, sosiaalisista oloista, roomalaisten valtapolitiikasta ja Rooman henkisestä ilmapiiristä. Kirjaa lukiessa tulee tunne, että hänhän kirjoittaa meidän ajastamme, vastaavuuksia nykyhetkeen on niin paljon. Italian ja Rooman tarina on surullinen.

Mikä teki roomalaisista hyökkääjiä, valtaajia, sotijoita, teloittajia, pöyhkeilijöitä, rietastelijoita?

Selittyykö roomalaisten mielivalta fyysisillä oloilla, maantieteellä? Alunperin Rooma oli kyläkyhäelmä Tiberin varren kukkuloilla. Joki oli väylä sisämaahan ja merelle, kauppaa oli helppo käydä ja sitä kautta vaurastua. Kukkuloita oli helppo puolustaa. Kukkuloiden väki ryösti naiset sabiineilta, alisti etruskit, tappeli heimojen kanssa, voitot ja tappiot aaltoilivat, läntisen meren, Välimeren kapeuman hallinnasta syntyi taistelu karthagolaisten kanssa. Ryöväämisen himo jatkui ympäri Välimeren. Rooma kuvitteli itsensä maailman navaksi - tuttua tänään monessa paikassa. Kansojen kohtalot olivat Rooman sotapäälliköiden käsissä. Loputtoman sotimisen takia sosiaaliset olot kehittyivät karmeiksi.

Hannibalin sotien jälkeen Rooman ja koko Italian henkisessä ilmapiirissä tapahtui suuri muutos eikä Italia palannut entiselleen, Lucretius kertoo. Maaseudun vapaat viljelijät ja pienten työpajojen itsenäinen käsityöläisluokka katosi iäksi. Pellot ja laitumet metsittyivät tai kerääntyivät harvojen rikkaiden käsiin - kuinka tuttua. Maanviljely pientiloilla ei enää kannattanut. Pienimuotoinen ruuan tuotanto korvautui suurten laitosten orjatyöllä, ne tuottivat massoittain helposti pinottavaa tusinatavaraa - aikamme kontit. Parhaat paikat maaseudulla muuttuivat ylimystön vapaa-ajan vieton paikoiksi - naturat ja hotellit. Pompejin ja Napolin rannikot täyttyivät ylimystön huviloista.

Kahlehditut orjat raatoivat suurtilojen pelloilla - kannustava sosiaaliturva. Yöksi heidät suljettiin lukittuihin häkkeihin. Orjamarkkinoilla saatettiin päivässä myydä 10 000 orjaa, näin kertoo Lucretius.

Orjien liikuttelu vaati tarkkaa suunnittelua ja koulutettuja vartijoita. Ihmeen nopeasti roomalaiset oppivat harjoittamaan tätäkin kauppaa todella tehokkaasti, huudahtaa Lucretius. Aikamme logistiikka. Ihmeen nopeasti ratkaisun keksii Aalto.

Voittoisien sotien jälkeen veteraaneille jaettiin maita

palkinnoiksi ja vihamielisten sukujen tuhoamiseksi. Harva heistä osasi hoitaa saamiaan maita. Liikemiehet hyödynsivät tilanteen. Raha ei haise, sanoi Lucretius. Huonosti se haisee tänäänkään, paanasten ja pääkkösten jäljiltä. Luusereita on vain 1,4 % kansasta, kertoi professori Me-säätiön seminaarissa. Asia hoituu, ilottelumme voi jatkua.

Väestö pakkautui Roomaan, nykykielellä pääkaupunkiseudulle. Sisämaan kaupungit autioituivat - ekonomistit ja tutkittu tieto todistavat saman ilmiön tänään. Vallattujen alueiden vilja - viimesijainen turva - tuotiin Roomaan. Ostiassa lasti purettiin pienempiin aluksiin ja vedätettiin orjilla 20 km vastavirtaan Roomaan. Siellä toimettomana vellova massa pidettiin hengissä viljaa jakamalla. Leipäjonot ja toimeentulotuki eivät ole uusi keksintö.

Jerusalemin ja Juudean tuhoamisen jälkeen Roomaan tuotiin massoittain orjia. Heidät pakotettiin rakentamaan Colosseum, hirvittävä rumilus, suon nurkkamaan. Suo on matalamielisen Rooman henki. Suolla ovat Colosseum, Pantheon, forumit ja kaikki. Aiempien vuosisatojen teatteri, kirjallisuus ja filosofia korvautui Roomassa orjien ja leijonien veren roiskeilla Colosseumin kiviareenalla. Vain aikamme tv-viihde, putoukset, viikonuutiset, villitkortit, pitääkö olla huolissaan, hyvätuutiset vievät alentavuudessaan voiton Colosseumin veriroiskeista. Tuon paikan ohikulkeminenkin puistattaa tänään.

Sotien jatkuessa kutsuarmeija korvattiin palkka-armeijalla. Maansa menettäneet maattomat olivat helppo reservi. Tänään tätä kutsutaan työvoiman liikkuvuudeksi.

Rooman opetus ajallemme

Varallisuuksien keskittyminen, metsien kato, veden myr-
kyttyminen, pientilojen ja käsityöläisten tuho, toimetto-
mien pakkautuminen Roomaan, erimielisten teloittaminen,
Augustus tapatti Juudean poikalapset, kulttuurin matala-
mielisyys, ahneuden viettelys. Kaikki tuo kuulostaa täsmä-
kuvaukselta ajastamme, tottakai ulkoiselta oloiltaan muun-
tuneena mutta pohjimmiltaan samana. On kornia lukea
Roomaa ihailevia teoksia, esimerkiksi Liisa Suvikummun ja
Tuomas Heikkilän kirjaa Euroopan kehdossa. Kehto, todel-
lakin!

Älyllinen sykäys maahanmuuttajilta

Italian etelärannikolle tuli kreikkalaisia maahanmuuttajia.
Heistä monet lie olleet pakolaisia - kuten tänään. He toivat
älyllisen sykäyksen. Länsimaisen filosofian ja matematiikan
monet juuret löytyvät kreikkalaissiirtokunnista: elealainen
metafysiikka, olemisen paradoksit, Arkimedes ja muut.
Näistä kertoo mm. Riku Juti teoksessaan Lyhyt metafysii-
kan historia. Sodat heimoja ja Roomaa vastaan laimensivat
älyllisen ajattelun. Arkimedes surmattiin kolmionsa viereen.
Siirtokuntien kohtalon voi rinnastaa aikamme pakolaisuu-
teen. Maahanmuuttajissa oli älypakolaisia Kreikasta. Kuka
todistaa etteikö tänäänkin olisi näin. Eurooppa, EU ja Suomi
ovat tyhmiä lennättäessään kulttuuriset virikkeet Irakin vuo-
rille ammuttaviksi.

Roomaa pidettiin tai pidetään maailman napana. Mikä on
totuus? Lucretiuksen sanoja käyttääkseni: kukapa tietäisi.

Kuolemaan tuomittujen gladiaattorien joukkoon eksyi myös vallattujen alueiden ylhäisöä. Heidän itsetuntoaan ei noin vain nujerrettu. Lihaksinen Spartacus ihastutti Rooman ylhäisönaiset. Naiset karkailivat orjien perään. Rooma oli tosivaarassa, kertoo Lucretius.

Spartacuksen orjakapina alkoi Capuan amfiteatterista - huhtikuussa 2019 ajoin vuokra-autolla Capuan läpi tietämättä paikan loistokasta historiaa. Spartacuksen joukko vapautti kymmeniätuhansia peltojen orjia. Rooma vapisi. Vaivoin ja onnella patriisiväki kukisti kapinan. Kapinoineet orjat ristiinnaulittiin tasavälein pitkin Via Appiaa Capuasta Roomaan 150 kilometrin matka täyteen. Tällainen on ihmiskunnan historia. Ajatelkaa tuota näkyä ja ilmapiiriä. Sen jälkeen orjakapinoita ei nähty, kirjoittaa Lucretius.

Rooman kehitys oli jatkuvaa sisäistä taistelua. Etruskikuninkaat tapettiin. Plebeijit ja muu rupu pidettiin murjuissaan. Kaupungin ajauduttua vuosikymmenten lamaan ja ulkoisten vihollisten uhatessa plebeijeille tehtiin pieniä myönnytyksiä. Caesar murhattiin aateliston tasavallan palauttamiseksi. Ottopoika Augustus näytteli vaatimatonta, mutta rietasteli Napolin huviloissaan ja loi pokkurointikulttuurin. Ciceroille ja vastahangoille tikari selkään tai sienimyrkkyä, ruumis Tiberiin, kohti Ostiaa, Välimeren kaloille. Jos joku haikaili tasavaltaa, sai mallia Claudiuksen sotilaskaappauksesta - kuin Kiina, Venäjä, Turkki, USAkin tänään.

Lucretius taitaa pelkistämisen taidon. Valtiotyyppejä on kaksi: itämainen itsevaltainen jumalhallitsija ja länsimainen aktiivinen sotilashallitsija. Kauaksi jää ateenalainen val-

tio-olemuksen pohdinta. Niin tänäänkin: humanismi, filoso-
fia, kirjallisuus ja historia ajetaan ulos yliopistoista - näin
vaativat rinta rinnan Japani, Suomi ja Teknologiateollisuus.

Roomalainen oikeus ja Helsingin yliopisto

Nykyisen eurooppaoikeuden kerrotaan periytyvän rooma-
laisoikeudesta. Mitä on roomalainen oikeus? Helsingin yli-
opistossa on roomalaisen oikeuden professuuri. Professori
puolustaa kynsin hampain Espanjan keskusvaltaa Kataloni-
aa vastaan. Tämäkö on roomalaista oikeutta? Kynsin ham-
pain.

Roomassa jouduttiin etsimään sovintoa sen ajauduttua
vuosikymmenten lamaan. Tuloksena oli XII taulun lait. Ne
lopettivat patriisien mielivallan teoriassa, sanoo Lucretius.
Alkeellisuudestaan huolimatta kokoelma muodostui rooma-
laisen lainsäädännön ja oikeustieteen perustaksi. Ehkä se oli
aikansa kiky-sopimus. Roomalaisista ei ollut ateenalaisten
veroisiksi valtioajattelijoiksi. Roomastako me oikeuden
saamme, tuskin.

Vihapuheen esto antiikin tyyliin

Luvattomien yhdistysten perustamista ei Roomassa sallittu,
ne lakkautettiin. Harmien pelossa ei sallittu myöskään mys-
teeriuskontoja. Pompejin amfiteatteri suljettiin 10 vuodeksi
nuorisotappelun jälkeen, muistissa oli Spartacuksen kapina.
Eniten sulkemisesta kärsi köyhä väki jolle teatteri oli tuonut
puuhaa. "Isot kalat käy verkkoon harvemmin kuin pienet",
Lucretius kiteyttää. Näin on tänäänkin.

Keisarikultti ja valtionuskonnot kukoistivat Roomassa. Senaatti suosi ankaraa stoalaisuutta (olisiko tuo sukua EU:n austerityllle, kurjistamiselle). Campanian maakunnassa elettiin kevyemmin, epikurolaisittain. Pompeji oli Roomaan nähden tasavaltaisempi. Tarentumissa, niemimaan eteläkärjessä oltiin huolettomia, ei osattu pelätä Rooman hyökkäyksiä. Tarentumin vallattuaan Rooma sai yhden harvoista runouden ymmärtäjistä, Homeroksen kääntäjän.

Lucretius kutsuu Roomaa vanhanaikaiseksi ja ahdasmieliseksi, sen valtionuskontoa kalseaksi ja virkamiesmäiseksi. Valtiouskollisuus kukoisti - niin kukoistaa tänäänkin. Ilmasto pelastetaan valtion pakkotoimin, ainakin jos EU:-ta ja reettoja olisi uskominen. Valtion asioiden hoito tuotti kunniaa, toga puettiin päälle. Niin tänäänkin, selfiet eduskunnan käytävillä. Valtio ohjaa tiedettä. tottakai piilotellen, suu puhuu autonomiasta. Yliopistot pääomitetaan jotta ne omaksuvat nykylegioonien eli yritysten mallin. Ministeriön edessä yliopiston rehtori on säikkyvä kauris, joka kiihottaa lauman peräänsä.

Kuinka kävi Rooman valtakunnalle?

Tänään raunioita siellä täällä. Hengen tuotteita, kirjoja, maalauksia, filosofiaa - kuka muistaa tai keksii. Ehkä yksi on, De Rerum Natura, sen kirjoitti Titus Lucretius Carus, meidän Lucretiuksemme sukulainen. Niin ja Ovidius. Roomalainen kalseus ja hengettömyys valtaa nykyajan Euroopan. Lucretiuksen teksti antaa vakuuttavan ennusteen.

Kriittiset äänet painetaan Tiberiin tai ajetaan Mustanmeren mudakkoon, tai siirretään Tampereelle, collegiumiin.

Näin kävi Ovidiukselle. Varallisuuksien keskittymistä tutkiva Piketty vaietaan kuoliaaksi. Varallisuuksien tasaamista vaativalle professori Linnaselle ei saa antaa palstatilaa, vaatii elitistisen Mustreadin Pursiainen.

Jumalten tähtäysvirhe, sivullisuus, pedarius

Vesuviuksen purkauksesta 79 jKr Lucretius pelastui tuurilla ollessaan katsomassa sairasta äitiään rannikolla. Pompejissa myrkkypilvi surmasi kaikki, kaupunki peittyi monimetriseen tuhkaan, myös Lucretiuksen uusi talo jäi tuhkan alle. Sen jälkeen Lucretius keskittyi kirjoittamaan Italian ja oman sukunsa kehitystarinaa. Suomeksi tarina on kirjassa Pompejilaisia kohtaloita.

Aikalaiskirjoitus on elävämpi ja uskottavampi kuin historiantutkijain suodattamat tulkinnat. Lucretiuksen kieli on hillittyä. Hän kuvaa aikaansa nasevasti, välillä hienovaraisen leikkisästi ja ironisesti. Hän oli varakasta aatelissukua, mutta hänestä huokuu hillitty sivistyneisyys ja sivustakatsovuus. Tapahtuipa ajan melskeissä, teloituksissa mitä tahansa, nousipa Roomassa keisariksi kuka tahansa, Lucretius säilytti hyvät välit joka suuntaan, eleli parisataa kilometriä Roomaa etelämpänä hoitaen taloaan. Itseään hän kutsuu Pompejin neuvoston takapenkkiläiseksi (pedarius), vaikka olikin Marsin uhripappi ja paljon muuta - veijari mikä veijari (tuttua työelämästä tänään, kymmenvuodet sitä harjoiteltiin). Roomassa käydessään hän tiesi kunnioittaa valtionuskontoa, osallistua keisarikulttiin ja pukeutui hyvin. Pompejissa hän isännöi keisariehdokkaan vierailua. Sivulauseissa hän hymähtelee ajan henkiselle ilmapiirille.

Helsingissä hallituksia tulee ja menee, katsomme melskausta sivusta ja huolehdimme että tietämyksemme ja toimemme säilyy. Työvoimapalvelua emme kaipaa. Lucretius on meille hyvä esikuva.

Sattuiko jumalille tähtäysvirhe kun tuhosivat juuri Pompejin. Kukapa tietäisi mikä on totuus. Näin Lucretius päättää kirjansa ja huokaa.

Jumalten tähtäysvirhe. Kukapa tietäisi. Löytyykö noille loppusanolle voittajaa. Lähelle pääsee Aleksis Kiven minä elän.

Italia tänään

Italia on populistien käsissä, viestittävät Suomen Yle ja media läpeensä, työelämän professori Korkman, sardiinit ja silakat. Millä historian tuntemuksella he käyttävät populismin leimaa? Vuosituhansien ajan Roomassa on ollut kansan aukio, Piazza del Popolo. Siellä koululaiset kirmailevat, ilakoivat, syövät jäätelöä suihkulähteen reunuksella, vieressä istumme me, turistit. Torin laidan talossa kai asui runopoika Yeats ja venäläinen kulttuuriväki kokoontui. Torin laidalla on Leonardo-museo. Raitiovaunu lähtee kohti taidemuseo Maxxia. Ihmiskulttuuri ja älyllinen etsintä on sykkinyt ja sykkii täällä yhä. Tämäkö on populismia, popula-aukiolla?

Huhtikuussa 2019 ajoin autolla yli tuhat kilometriä Tiberin suulta Ostiasta länsirantaa pitkin etelään, lähelle Napolia, siitä Capuaan, pikkukaupunkien läpi niemimaan poikki Adrianmeren rannalle, Baria sivuten, majoituin päiviksi Materaan, tuolloin Euroopan kulttuuripääkaupungiksi kutsuttuun (onko kukaan moisesta kuullut). Vesuviuksen ja Napolin ohi huileaa A1:tä takaisin Roomaan. Epämiellyttävin näky matkan varrella ovat murskatut kalliorinteet. Antiikin aikana hävitettiin Välimeren metsät, tänään jyystetään kalliot, estetiikkaa ei kaipailla. Tulisipa uusi Vesuvius ja peittäisi nuo louhokset. Tulkoon tuhka ja kivisade.

Eteläinen Italia, varsinkin vanhemmat alueet on huonossa kunnossa, tiet juuri ja juuri ajettavia, täynnä teräviä reikiä, vanhat talot kaikki samanlaisia, likaisia ja murenevia, nostokurkia ei näy missään, köllötellään. Viiden tähden liike on vaatinut perustuloa. Kuinkahan se täällä vaikuttaisi. On ala-arvoista ohittaa kysymys populismina. Se on haastava tieteellinen ja sosiaalinen kysymys, ei pilkan asia. Antiikissa jaettiin ilmaista viljaa - niin kauan kuin leikkiä kesti. Tänään jaettaisiin euroja, tai liiroja. Viljan ihmiset söivät nälkäänsä, mitä he liiroilla tekisivät. Nousisiko nostokurkia, kohentuisiko talot. Viriäisivätkö teatterit varoittamaan ahneudesta ja kertomaan jumalien kostosta kuten antiikin tragediat Ateenassa aiemmin. Onko Italia EU-talouden riski vai nostaako Italia Euroopan epäkulttuurin tilasta. Renessanssin paluu.

Lähteitä

Paavo Castren: Pompejilaisia kohtaloita. Otava 2018.

Riku Juti: Lyhyt metafysiikan historia. Gaudeamus 2019.

Tuomas Heikkilä & Liisa Suvikumpu: Euroopan kehdossa. Kirjapaja 2006.

Lassi Linnanen: Rikkaiden kuuluukin hävitä ilmastotoimissa. HS 25.4.2019.

Pompeji kuin Helsingin Kumpula

Pompejin kuvittelin raunioksi josta kaivellaan esiin seksimaalauksia. Aivan noin ei ollutkaan. Pompeji on tarkasti jäsentynyt kaupunkijäänne. Hahmon ja sen rajat tunnistaa joka askelella. Kaupunki on rakentunut kumpareelle kuten Kumpula Helsingissä. Suuri se ei ole, olisiko kilometri kertaa puoli. Pompejin tuhosi maan sisuksista räjähtävä paine. Vesuvius on 10 kilometrin päässä, tuossa se vieressä seisoo. Tuhka- ja kivisuihkun väitetään kohonneen kymmenien kilometrien korkeuteen ja levinneen sienimäiseksi kuin nykyajan atomipommi, lopulta se luhistui omasta painostaan ja tuli saateena alas. Tuhka peitti Pompejin noin 5 metrin paksuudelta. Kivettyneelle maalle on myöhemmin rakennettu iso kivinen huvila tietämättä että alla on kokonainen kaupunki. Huvilan kohdalla vanhan ja uuden maanpinnan väliksi kerrottiin 8 metriä.

Pompeji on miellyttänyt varakkaita. Suurimmat villat voisivat sopivin ehostuksin olla luksusasuntoja tänäänkin. On atrium, keskellä vesiallas, katossa sade- ja valoaukko, huoneita moniin tarkoituksiin, sisäpihalla iso puutarha uima-altaineen. Ympäröivä tasanko lie tuottanut viljan ja villan, varmaan orjien avulla. Pompejissa oli myllyjä, leipomoita ja kehräämöitä.

Mikä houkutteli ihmisiä tuolle kumpareelle? Mitä elämä siellä antoi?

Yhden vastauksen saamme teatterista. Pompeji oli Rooman vallan alla viimeiset 150 vuottaan. Roomalaiset rakensivat amfiteatterin, ensimmäisen laatuaan. Jo aiemmin oli rakennettu puoliympyräinen teatteri. Mitä teattereissa esitettiin? Tiloista päätellen tuskin ylevää taidetta, ehkä väkivaltaviihdettä kuten Rooman Colosseumilla myöhemmin. Eläimet pantiin tappamaan toisiaan tai ihmisiä. Gladiaattorit tappelivat, välillä kuolivat. Kerran katsojapoikien tappelu yltyi amfiteatterissa niin kovaksi että keisari Nero kielsi näytökset kymmeneksi vuodeksi.

Turruttavuudessaan ja raaistavuudessaan tuon ajan teatteri rinnastunee nykytvn väkivalta- ja viihdeohjelmiin. Pompeji ja Rooma eivät olleet antiikin Kreikkaan rinnastuvia henkisen sivistyksen kehtoja. Yhä tänään esitetään kreikkalaisnäytelmiä eri puolilla maailmaa mutta onko joku kuullut pompejilaisnäytelmistä. Yhtä vähän niistä on jäänyt jälkeä maailmaan kuin tämän päivän villikortti-ohjelmista.

Raaistava elämänmuoto on tänään kokenut uussyntymän. Ennen Colosseum, tänään leirit Euroopan rajoilla ja sisällä, talousnationalismi, Suomen idea on selviytyminen kuten Mauno Koivisto viisaudessaan sanoi. Emme elä sivistyksen aikaa.

Pompejissa oli foorumi hallinnon, ehkä kansankin kokouksia varten. Vaaleja pidettiin tiheään, tiettävästi vuosittain. Puhujakoroke oli forumin laidalla.

Kaupungin pohjapiirros on jäntevä, ristikkäiset kadut yli kumpareen. Kadut on kivetty suoraviivaisesti. Vellovaa jätettä kaduilla on ollut, koska jalkojen pysymiseksi kuivina katujen poikki on kohokiviä joita pitkin hypähdellä.

Syövyttikö Rooman väkivaltakulttuuri myös Pompejin? Jossain vaiheessa Pompejissa puhkesi kapina, mutta ei Roomaa vastaan vaan Rooman kansalaisuuden saamiseksi. Samoihin aikoihin Palestiinassa puhkesi rajuja kapinoita, mutta niissä pyrittiin irti Roomasta. Roomalaisjoukkojen kerrotaan surmanneen raa'asti satojatuhansia Palestiinan asukkaita.

Osa siis hännysteli, osa kapinoi, osa pääsi hengestään, osa alistui. Eroaako tämä nykyajasta? Onko hännystely vierasta? Ihmisiä kannustetaan lisillä, palkkioilla, ylennyksillä, valkoisen ruusun mitaleilla, heimoklubeilla, twitterseuraajien määrällä, taiteen ja tieteen apurahoilla. Minä palkitsen sinut tänään, sinä palkitset minut huomenna. Ellet hännystele, katoat näkyvistä. Vuonna 70 jKr Palestiinan kansa tapettiin, tänään kotterot vajoavat Välimeren pohjaan ja uskalikot suljetaan leireille. Mikä on muuttunut?

Augustus lakkautti tasavallan ja nousi Rooman ensimmäiseksi keisariksi viekkauden avulla, kertoo Historianet-sivusto. Hän väitti palauttaneensa tasavallan, mutta jätti 500-vuotiaasta tasavallasta jäljelle kuoren. Harvat tajusivat hänen pyrkimyksiään ennen kuin oli myöhäistä. Päällisin puolin näytti kuin tasavalta olisi herätetty henkiin. Valtiontalous perustui valloitussotiin ja ryöstelyyn.

Augustus alisti senaattorit kiitollisiksi lupauksillaan. Suomessa presidenttiehdokas ehdottaa valtion tukea asuntojen arvon laskusta kärsiville ja tulee valituksi. Populismitutkijat yliopistoissa ja akatemioissa eivät tätä populismiksi tunnusta.

Augustuksen vaatimaton elämäntyyli Roomassa oli teatteria. Napolin ja Pompejin lähellä saaressa hänellä oli huvila, jossa nautti ylellisestä elämästä ja nuorista tytöistä. Rooman ensimmäisen keisarin kuollessa vuonna 14 jKr harva enää muisti tasavallan aikoja. Seuraaja Tiberius vetäytyi erakoksi Caprin saarelle Napolin edustalle. Keisari Nero syrjäytettiin ja pakotettiin tappamaan itsensä.

Napolin lahden seutu oli Rooman ylimystön elostelupaikka. Sinne ei vetäydytty filosofoimaan eikä musisoimaan kuten tekivät Platon ja hänen oppilaansa Ateenassa vetäytyessään Akatemian lehtoon.

Mikä veti ylimystöä Pompejiin?

Pompejin kumpareelta etelään avautuu avara, valoa tulviva maisema vehreän laakson yli. Maisema toi mieleen Turkin Pamukkalen. Antiikin ajan aateliset halusivat tulla haudatuiksi Pamukkaleen. Siellä veden virta valuu etelään viettävää rinnettä, irrottaa maaperästä kalkkia ja maalaa rinteen valkoiseksi pumpuliksi (pamukkale), edessä kylpee valossa avara vihreä laakso. Kuoltuaan pääsee osalliseksi laakson valoa, kuin taivaan valoa. Myös Pompejin kylpeminen valossa valaisi mielen.

Vuonna 79 jKr maallinen luonnonvoima pimensi Pompejin taivaan. Myrkkykaasuihin kuolleen koiran raajat ovat kipristyneet ristiin. Naapurikyliin valui monimetrinen kuuma laava ja vuoren rinteen muta.

Lähteitä

Paavo Castren: Pompejin tutkimus ajankohtaista aina. Tieteessä tapahtuu 4/2004.

Keisari Augustus nousi valtaan kepulikonstein. Historianet-sivusto.

Välimeren vai Pohjolan henki

Eduskunnan väkeä vierailee Roomassa. Suomen Italian suurähettiläs selostaa maan sisäpolitiikkaa. Kertaakaan hän ei lausu sanaa vihreät. Italiassa vihreys katosi antiikin aikana. Italiaan on muotoutunut uusi yhteiskuntaluokka: poliitikot. Roomassa pyörii 900 poliitikkoa. He elävät rahakasta elämää. Näin suurlähettiläs kertoili.

Italiassa väestö on jakautunut kahteen osaan: siisteissä ammateissa toimivat ja mutaisessa arjessa elävät. Nämä maailmat eivät kohtaa.

Rooma rapistuu. Keskiajalla Rooma oli heikoimmillaan kyläpahanen, lehmät laidunsivat foorumeilla. Tänään ratikat rätisevät kuin olisivat museosta haettuja. Bussit pomppivat katujen kuopissa. Roskia kasautuu kaduille. Melu, pöly, lika, epäsiisteys - kauanko kaupunki on asuttava? Varkaat sieppovat laukkuja ihmisten kädestä.

Sänkkö stelle - mikä se on? Ahaa, Movimento Cinque Stelle, Five Star Movement. Kumpikohan on fiinimpi, Italian viiden tähden liike vai pohjoisen Euroopan vihreät? Vastauksia on useampi kuin yksi.

Miksi Italiassa ei ole vihreitä? Laaja Välimeri, Kreikka, Italia, Espanja, Syriza, Viisi tähteä, Podemos, Giudadanos. Kansalaislähtöisiä mutta eivät vihreitä. Välimeren alueella ongelmat nousevat ihmisten sosiaalisesta arjesta. Italiassa nuorten työttömyys on ollut 40 %. Britanniaan on muuttanut 600 000 henkeä eli prosentti väestöstä. Suomessa 1 % väestöstä tarkoittaisi 60 000, ja kyse on siis maastamuutosta. Italian teollisuudesta kerrotaan lamavuosina kadonneen viidesosan. Sosiaalinen kriisi vei ihmisten maksukyvyn, jäljelle jäi satojen miljardien hoitamattomat lainat. EU:n vakaus- ja pankkitukisäännöt estävät talouden elvyttämisen. Ihmisten varat eivät ole pankeissa talletuksina vaan sijoitusluonteisina eläkesäästöinä. Huonosti tähän istuu sijoittajavastuu ja EU:n pankkiunioni. EU:n kannatus on tipahtanut kymmeniä prosenttiyksikköjä.

Pakolaisia hukkuu Välimereen, sinne uhkaa hukkua myös Eurooppa. Kaukana on Forumin triumfien aika, Vestan neitsyiden uhkeus.

Italian kaupungeissa pormestari valitaan suoralla kansanvaalilla, toisin kuin Helsingissä ja Tampereella. Suomessa vihreät ja kokoomus estävät ihmisten suoran osallisuuden pormestarin valinnassa. Italiassa Five Star sai pormestarin mm. Roomaan ja Torinoon.

Rooman MAXXI-museossa näytettiin taannoin videota jolla yliopiston professorit selostivat Rooman lähihistoriaa ja nykypäivää. Rooman ongelmat palautuvat sotien jälkeisten vuosikymmenten yliasuttamiseen. Teollisuuteen haalittiin työvoimaa, rakennettiin ja rakennettiin. Tilanne ei ole hallinnassa. Matkalla lentokentälle on helppo nähdä asuinalueiden ankeus, kuumuus ja pöly. Mahtoiko antiikin aikana olla huonompaa? Niin myös Helsinkiin haalitaan satoja tuhansia uusia asukkaita teiden reunusten meluun ja pölyyn. Helsingissä tehdään sama virhe mikä on tehty Roomassa.

Ulossulkemisella, ekskluusiolla on Roomassa vuosituhantinen perinne. Colosseumin pohjoispuolella on loivasti nouseva rinne, varhaisen Rooman kukkula, nimeltään Esqulino. Nimi viittaa ulkopuolella asuviin. Colosseumin ja Mussolinin rakennuttaman Termiinin välillä voit osua puistoon jossa majailee eskuliinoja. Roomassa tuskin tarvitsee päivisin pelätä mutta siinä puistossa pelotti - likainen, jätekasoja, ulkopuolisia, eskuliinoja.

Mitä on tai voisi olla Välimeren henki tänään?

Meidän täytyy palata politiikkaan Aristoteleen merkityksessä, pohtia politiikan hyveellisyyttä. Maatamme riivaa poliittinen, moraalinen ja sosiaalinen kriisi. Kreikasta on tehty uusliberalistien siirtomaa. Eurooppa on perustettava uudelleen ilman jakolinjoja. Tällaista pohdittiin Kreikassa 2000-luvun alussa.

Kaksi vuosituhatta Aristoteleen jälkeen politiikan hyveellisyyttä tai sen puutetta joudutaan pohtimaan ympäri Välimeren: arabikevät, Podemos, Syriza, 5 tähteä, muitakin. Mikä estää ajatuksen kirkkauden tänään?

Keväällä 2019 yövyin antiikin Rooman satamakaupungissa Ostiassa, Välimerelle avautuvan rantakadun pienessä hotellissa. Keväisenä iltapäivänä parvekkeelta avautui mitä auvoisin näky, Välimeri kimalsi auringossa, lämmin tuuli leyhysi, ihmisiä kävelee pitkin rantaa. Etelän tai lounaan suuntaan sijaitsi antiikin aikana Karthago, sinne ei ole pitkäkään matka. Karthago ja Rooma kamppailivat Välimeren kapeikon herruudesta. Elefanttiarmeija kiersi Espanjan ja Alppien kautta kohti Roomaa. Karthagon joukot jäivät tappiolle ja Rooma hävitti koko kaupungin, tappoi asukkaat. Paisuva Rooma tarvitsi viljaa meren takaa. Laivojen on pitänyt rantautua Ostian rantakadun tuntumaan. Jokea pitkin vilja rahdattiin orjien avulla Roomaan. Vailla meren valtiutta väkivaltaista Roomaa ei olisi syntynyt.

Illan lähestyessä keskiyötä menin samalle parvekkeelle. Järkytyin. Oli pilkkopimeää, merta ei nähnyt mutta kuului pelottava kohina, aallot löivät rantaan. Tuuli oli kylmennyt, parvekkeella ei tarennut. Välimeren ylittää tuhansia ja tuhansia pakolaisia Afrikasta, Saharan takaa. Pienillä kiikkerillä veneillä, täyteen lastattuina, onko ruokaa, onko vettä. Yötä päivää veneessä, yön hyytävä kylmyys, aaltojen pelottava kohina, veden pärskeet. Tätä on Välimeri. Tätä on Eurooppa. Täällä on taisteltu, täällä kuollaan.

Katolinen kirkko synnytti vastarinta-aallon 500 vuotta sitten. Uskonpuhdistukseksi sitä on kutsuttu. Keskinen ja pohjoinen Eurooppa irtautui mahtipontisesta paavin hallinnosta. Millainen olisi tämän päivän uskonpuhdistus? Voisiko välimerellinen alppituuli leyhytä Pohjolaan.

Arabikevät alkoi Välimeren eteläreunan turhautuneesta nuorisosta. Kapinoivat nujerrettiin mm. Tahirin aukiolla Kairossa, aukion reunalla sijaitsee egyptiläinen museo Tutankhamon-muumioineen. Syyriassa puhkesi loputon sota. Kreikan, Espanjan ja Italian talouskriisien syynä oli läntisten talousrakenteiden holtittomuus, ahne rakentaminen kuin Jätkäsaaressa konsanaan.

Antiikin ajattelu, filosofia ja taide ei ole auttanut löytämään politiikan mallia tänä päivänä. Demokratialiikkeistä kukin ehtyy vuorollaan. Lännessä heidät leimataan populisteiksi, mikä on köykäistä ja ala-arvoista.

Sixten Korkman sanoi Ylen uutisessa 16.3.2013, että Italiassa "kansalaisten enemmistö päätti äänestää kahta puoluetta, joista yhden puheenjohtaja on ammatiltaan pelle ja toinen on sitä muuten vaan". Tätä tasoa on pohjoisen Euroopan yliopistojen ja elinkeinoväen ajattelu, eurooppalainen tiede. Ala-arvoista.

Alkuaikoina Italian viiden tähden liikkeen kerrottiin vastustavan vesilaitosten yksityistämistä, yksi tähdistä kuvaakin juomavettä. Liike ajoi yksityisautoilun vähentämistä, laajakaistaa kaikille, suoraa demokratiaa, perustuloa. Demokratian elvyttäminen nähtiin lääkkeeksi talouden kriisiin. Viiden tähden liike edusti syvempää yhteiskunta-ajattelua kuin Korkman tai yksikään ekonomisti tai vihreät Suomessa.

Silakkaliikkeeksi 2020 itsensä nimennyt joukko kertoo esikuvakseen Italian sardiiniliikkeen joka vastustaa italialaista populismia. Analyysi voi olla hyvä mutta liian summittainen. Ketkä ovat populisteja? Ketkä eivät ole? Alkaako populistien jatkumo keisari Augustuksesta ja keitä heihin tänään halutaan lukea? Ontto sana ei vakuuta. On mentävä asioihin sisälle eikä heiteltävä kevyitä (populistisia) sanoja.

Löytyykö aikamme Euroopasta ja tieteen, filosofian, taiteen piiristä ajattelijoita Välimeren ja Euroopan hengen nostamiseksi? Rosanvallon? Ranciere? Saksalaisen Axel Honnethin kehitelmä tunnustussuhteista? Ketä tunnustamme, ketä emme. Suomen akateemisista politiikan tutkijoista hengen nostattajia ei löydy, katteetonta itsetuntoa sitäkin enemmän.

Lähteitä

Jenna Vehviläinen: Suoraa demokratiaa ja sirkushuveja - Italian grillolainen vallankumous. The Ulkopolist 24.4.2017.

1900-luvun saksalainen yhteiskuntateoria.Gaudeamus 2019

Arabikulttuuri, Viisauden talo

Rooman valtakunnan hajoamisen jälkeen keskiajan Eurooppa oli vuosisatoja takapajuinen paikka. Samaan aikaan islamilainen kulttuuri kukoisti Persiasta Espanjaan. Jonathan Lyonsin kirja Viisauden talo palauttaa kunnian menneisyyden arabialaisille oppineille. Näin vakuuttaa kustantajan esittelyteksti.

Sosiologian tohtori Lyons on tutkinut idän ja lännen kulttuurien leikkauspisteitä. Hän kertoi kirjastaan Helsingin yliopistolla, oli ilo kuunnella häntä. Viisauden talo kertoo arabialais-islamilaisen kulttuurin kukoistuksesta keskiajalla.

Eksaktiutta ylipainottavat suomalaiset akateemiset historiantutkijat tuskin arvostavat Lyonsin kirjaa, ylenkatsovathan he Huizingan Keskiajan syksyäkin ja Leikkivää ihmistä (Historiallinen aikakauskirja 3/2019). Lyonsin kirjan ansio on muuta, se tarjoaa yleiskuvan kyseisestä aikakaudesta sekä mahdollisuuden tehdä rinnastuksia nykyhetken läntiseen kulttuuriin, yliopistoihin, tieteeseen ja kansojen elämään. Se ei ole vähän.

Miksi kulttuurit, maat kukoistavat tai taantuvat? Näitä kysymyksiä on pohdittu Lyonsin kirjan ohella mm. J.R. McNeillin ja William H. McNeillin kirjassa Verkottunut ihmiskunta, Jared Diamondin kirjassa Tykit, taudit ja teräs, Acemoglun ja Daronin kirjassa Miksi maat kaatuvat (Why

Nations fail), Ari Turusen kirjassa Maailmanhistorian kukoistavimmat kaupungit tai Niall Fergusonin teoksissa. Tällaista kysymyksenasettelua nykymaailmassa tarvitaan.

McNeill ja Diamond korostavat luonnonoloja kulttuurien kehittymisen perustana. Lähi-Itää on kutsuttu hedelmälliseksi puolikuuksi. Vanhat mantereet kasvi- ja eläinlajeineen leikkaavat sekä vaaka- että pystysuunnassa, mikä mahdollistaa vuorovaikutuksen kaikkiin ilmansuuntiin toisin kuin Amerikan mantereella joka rakentuu pohjois-eteläsuunnassa ja on keskeltä poikki. Välimeren pohjukoissa ihmisten ajatukset, keksinnöt ja ideat pääsivät kohtaamaan ja ruokkimaan toisiaan. Parhaimmillaan tästä kumpusi avaramielinen vuorovaikutus, uteliaisuus, kohtaaminen, liikkuvuus, leikkisyys ja kokeilevuus.

Viisauden talo oli vuoden 800 molemmin puolin intellektuaalinen laitos ja tieteellisen tutkimuksen keskus Bagdadissa. Siellä oli laaja kirjasto, tutkijoiden ja kääntäjien työskentelytiloja ja sinne palkattiin tiedemiehiä, tieteellisiä teoksia käännettiin kreikasta, hindistä ja persiasta arabiaksi.

Mistä arabikulttuurin älyllinen nousu kumpusi? Lyons mainitsee maantieteellisen, älyllisen, sosiaalisen ja poliittisen liikkuvuuden, heimohierarkioiden murenemisen, avaramielisyyden, uteliaisuuden, kokeilevuuden. Ollapa tätä kaikkea tänään.

Tuolloinen arabikulttuuri oli etsivää. Maantieteellisesti se avautui idässä Kiinan, Intian ja Persian kulttuureihin, etelässä mm. Egyptiin ja lännessä antiikin Kreikkaan.

Elävät kulttuurit syntyvät toistensa vaikutteista ja avoimuudesta, ei eristyneinä. Ensin antiikin Kreikka sai vaikutteensa idästä, keskiajalla arabikulttuuri imi niitä takaisin.

Antiikin kirjat käännettiin arabiaksi. Espanjan kautta käännökset tihkuivat sittemmin Eurooppaan.

Lyonsin mukaan arabikulttuurissa arvostettiin oppineisuutta ja tietoa. Hallitsijat kilpailivat tieteilijöiden kutsumisella, kirjastojen suuruudella, taiteen suosimisella. Uskonnon ja tieteen vuoropuhelua suosittiin, oppineet ajateltiin profeettojen perillisiksi. Tieteellinen kirjasivistys oli jopa uskonnollinen velvoite päinvastoin kuin Euroopassa, jossa oppineisuus oli halveksittua ja kiellettyä.

Arabikulttuurin levittäytyminen kolmen maanosan alueelle loi tilaisuuden löytää ja omaksua tietämystä joka muuten olisivat jäänyt eristyksiin. Oppineita kutsuttiin mm. Intiasta. Oppineet vaihtoivat tietämystään keskenään. Tieteenteko nähtiin dynaamisena prosessina, yksi askel oli materiaalia seuraavalle. Kreikkalaisten tieteellisten ja filosofisten teosten kääntäminen jatkui satojen vuosien ajan. Tiedollinen kokonaisuus käsitti fyysiset tieteenalat ja metafysiikan. Antiikin lähteitä käytettiin lähtökohtina, ei omaksuttavina päämäärinä, niitä kommentoitiin ja muokattiin.

Lyonsin mukaan myös sosiaalinen liikkuvuus oli suurta, vallitsi älyllisten mahdollisuuksien tasa-arvo. Tänään samaa sanaa käyttää marokkolaislähtöinen filosofi Ranciere - sattumaako!

Kaupunkikulttuuri uusiutui. Bagdad suunniteltiin Eukleideen geometristen oppien mukaan, kehitettiin ympyräkaupungin idea.

Arabikulttuurissa keksittyä tai sinne välittynyttä oli maapallon ympäryksen mittaaminen auringon varjon ja kulman avulla (Erastotheneen kokeen toisto). Omaksuttiin kymmenjärjestelmä, sen avulla maailma voitiin ilmaista kymmenellä merkillä äärettömästä äärettömään. Nolla ja paikkamerkintä tuli käyttöön, niin myös irrationaaliluvut ja trigonometriset funktiot. Paralleelin omituisuus lie arvoitukseksi. Kehiteltiin algebra, numerolaskenta, paikan, tilan, sijainnin, suunnan ja navigoinnin merkintä ja käyttö.

Onko nykyisellä länneksi kutsutulla maailmalla oikeus ylenkatsoa arabikulttuuria ja islamia, ainakaan historian valossa? Mikä ja missä vastaisi Viisauden taloa tänään?

Missä on uteliaisuus, avaramielisyys, vuorovaikutus, sosiaalinen liikkuvuus, uskontojen avoin kohtaaminen ja toistensa kuuntelu? Onko Eurooppa palannut keskiaikaiseen pysähtyneisyyteen. Tähän on tultu valistuksen ja modernin tiellä, liberaaliksi demokratiaksi kutsutulla tiellä.

Miksi maat kaatuvat -kirja vakuuttelee, että maat menestyvät tai kaatuvat sen mukaan miten sisäänottavia tai ulossulkevia niiden instituutiot ovat. Kummanlainen on nykysuomi ja nykymaailma? Taloutta, politiikkaa, tiedettä, yliopistoja, kaikkea rakennetaan suljettujen professioiden, huippu-olettamusten, hierarkioiden varaan. Onneksi vastaliike huiputukselle itää. Joukko yliopistoihmisiä julkaisi 2019 kirjan Huiputuksen moraalijärjestys. Mieluummin en, sanoi Bartleby. Yliopistossa ainoa vastarinnan mahdollisuus on olla ylpeästi luuseri, sanovat yliopistokriitikot.

Lähes tuhannen vuoden ajan Eurooppa pysyi pysähtyneenä. Eurooppa nojasi hierarkioihin. Katolinen kirkko loi kahtiajaon oppiensa ja kansanelämän välille. Kansa pakeni lahkoliikkeisiin tai kuoli ruttoon. Älyllinen kehitys jähmettyi vuosisadoiksi. Ristiretket olivat paavin kirkon ja ylimystön valtapolitiikkaa, Trumpin ohjuksia.

Mistä ja miten vähittäinen nousu käynnistyi. Osin yksittäisten ihmisten pyrinnöistä - niin mekin kirjoittelemme. Lyons kehuu Abelardia. Abelard sanoutui irti Euroopan älyllisestä umpiosta, meni tutkimaan arabien tiedettä paikan päälle ja välitti sitä Euroopalle. Kirjallisuuden käännösliikkeet olivat tärkeitä; kreikasta arabiaksi, arabiasta latinaksi tai kansankielille. Nousu käynnistyi yhteiskunnan reunoilta, syntyi kiltoja, yliopistoja, feodaaliorjia pakeni kaupunkeihin, kaupalle avautui väyliä itään. Kirkon katedraalikoulujen merkitys väheni. Kirkon kiellot, pullat, pannat, ulosajot yliopistoista tai poltot eivät enää tehonneet. Kansan dosentit pohjustivat Euroopan nousun.

Lähteitä

Jonathan Lyons: Viisauden talo. Into 2014.

Jared Diamond: Tykit, taudit ja teräs. Terra Cognita 2005.

Daron Acemoglu & James A Robinson: Miksi maat kaatuvat. Terra Cognita 2013.

J. R. McNeill ja William H. McNeill: Verkottunut ihmiskunta. Vastapaino 2014.

Ari Turunen: Maailmanhistorian kukoistavimmat kaupungit. Into 2015.

Sakari Ollitervo, Teemu Immonen, Marjo Kaartinen, Heli Rantala, Marika Räsänen ja Reima Välimäki: Sata vuotta Keskiajan syksyä. Historiallinen aikakauskirja 3/2019.

Huiputuksen moraalijärjestys. Osallisuuden ja sosiaalisen kivun kertomuksia. Vastapaino 2019.

Henkinen ilmapiiri Suomessa

Filosofiasta on sysätty syrjään poikkeavat äänet. Taloustieteessä kysymyksenasettelu ei uusiudu. Tiede on kapeutettu tuotekehittelyksi. Yliopisto ja tiede on alistettu liike-elämän palvelukseen ja määräysvaltaan, työrukkasina toimivat opetusministeriö ja Akatemia. Kirjallisuudessa kenttä olisi avoin, mutta tuotos on dekkaria, rakkautta ja pilailua. Tv-viihde on ala-arvoisempaa kuin Colosseumin roiskeet. Teatterista pilkahti hetken valo: Juha Hurmeen Europeuksen ja Jusleniuksen sekä Smedsin Palsan aiheina oli etsivät ihmiset ja heidän kohtalonsa. Kunnes tekijä itsekin kertoi, että pitää näytelmillään vain hauskaa. Kuvataideväen mielikuvitus ei kohoa leipapalan yläpuolelle.

Alakuloista, tylsää, seisovaa vettä.

Tarvitaan irtiottavuutta, kuvittelukykyä, älyä olla ylpeästi luuseri kuten professori Leena Koski Tiedekulmassa sanoi. Löydämmekö tällaista? Tähyämme vastausta ensin etäältä, sitten lähempää.

Ihmiskulttuurit mannerliikuntojen lastuina

Talvella 2015 näimme Ylen kanavalla vavahduttavan sarjan Mannerten synty. Tuo sarja kertoi maailman kulttuurien hauraudesta. Geologisesti nähtynä kulttuurien virtailut maapallolla ovat lastuja laineilla. Kuumana sykkivän pallon ohut pinta nousee, laskee, kuplii, vajoaa, imee ja työntää. Yhtäälle kehkeytyy otollinen kolkka kulttuurin synnylle, toisaalla maa kuivettuu tai kylmettyy. Tänään afrikkalaiset pakenevat Välimeren yli kohti Eurooppaa. Afrikan manner työntyy Euroopan alle, tyhjentää lopulta Välimeren. Alpeista tulee uusi himalaja, sen takainen Eurooppa kuivettuu autiomaaksi kuten Mongolia tänään. Mannerten liikunnot loivat kulttuurille otollisen kehdon lähi-Idän jokilaaksoihin. Nyt kehdoista on jäljellä rauniot. Raunioissa sikiää sodat. Intian mantereen irtautuminen Afrikasta ja liikunto kohti Aasiaa vapautti kaasuja meren vajoamasta, ilmaston muutos miltei tuhosi elämän maapallolta. Törmäys Aasiaan nostatti Himalajan, kuivasi ja kylmäsi vuoriston pohjoispuolen, loi keitaan elämän rajattomalle sikiämiselle eteläiseen Aasiaan, sen ryöpsähdyksen näemme tänään, viruksineen kaikkineen. Andien syvyyksistä suihkuaa muinainen merivesi. Geologisen ajan täyttyessä mantereet palaavat taas yhdeksi, Pangeaksi. Näin sykkii pallo, nousee, laskee, kuplii, aaltoaa ohut pinta, kirmailee ihminen. Tämän kertoi tieteeseen nojaava tv-ohjelma.

Tiede ja taide voisi kertoa kaikesta tästä. Toki ne voivat kertoa myös Louhen synnyn, Kullervon kiihkon, hukkuvan Ainon. Aikamme liike-elämä, koneet, ensot, umpit, sitrat puhuvat megatrendeistä, poimivat rusinoita. Heidän puhuntansa on lastujen liikettä, kaventaa katseen ja sumentaa näön. Tarvitaan syvyyttä, näkymää vuoren yli ja meren ali.

Baton serpent

Maailma, katso taidemuseo Maxxiin. Näyttely Baton serpent avasi maailman uusin tavoin. Taide kohoaa olevan yläpuolelle. Taide kertoo kulttuurien hetkellisyyden, haurauden ja ohuuden. Taide kuvaa maailman kuplinnan, vuoren nousun ja meren painauman.

Rooman taidemuseo Maxxi avattiin Tiberin läntiseen mutkaan 2010. Museo oli jo vajoamassa hiljaisuuteen eli kokemassa Kiasman kohtalon. Sattumoisin löydämme Maxxista näyttelyn joka on vavahduttava kuin mannerten synty.

Maxxi oli valinnut taiteelliseksi johtajakseen kiinalaisen Hou Hanrun. Hou keksi uuden näyttelyn kokoajaksi kiinalaisen kapinataiteilijan Hiang Yong Pingin. Tiananmenin jälkeen Ping oli asettunut Ranskaan.

Houn ja Pingin ideoimana näyttely Maxxissa kertoo, miten ymmärtää globaalius syvemmin, mitä on kulttuurien ja uskontojen vuorovaikutus.

Pingin näyttely Baton serpent on vavahduttava. Yksi työ näyttelyssä on Maailmankartta, matkaopas vuosille 2000-2046. Maapallon kaikki mantereet ovat leikkautuneet ohuiksi suikaleiksi, suikaleet ovat satunnaisesti kiertyneet jonoiksi ja kiemuroiksi. Suomi on juuri ja juuri säilynyt kokonaisena. Satunnaisliikkeessä onnekkaat selviytyvät, läheskään kaikki eivät. 400 neulaa kertoo ennakoiduista onnettomuuksista. Näyttelyn toisessa työssä tasanko puhkeaa vuoreksi, jostain voi löytyä pelastumisen paikka. Vuoren yllä hyrrää helikopteri kaikkialle tunkevan kontrollin symbolina. Eläimiltä ovat leikkautuneet päät.

Kuraattori Hou näkee taiteen olevan tutkimista. Pingin näyttely nojaa matkoihin eri puolille maailmaa ja tarkkoihin muistiinpanoihin. Maailman tutkimisesta ja tutkimisen taiteellisesta luonteesta kertoo samaan aikaan Popolon aukion kupeessa Leonardo-museon näyttely. Esillä ovat Leonardo da Vincin muistiinpanot, keksinnöt laitteineen ja piirroksineen sekä maalaukset.

The Guardian -lehti kertoi Maxxin taiteellisen johtajan Houn näkemyksistä 19.12.2004: Italia on talouskriisissä. Kriisin myötä taide oli sysätty kansallisen puhunnan pohjalle. Italia on osa Afrikan, Aasian ja Välimeren siirrosaluetta. Silti Italian kulttuuripolitiikkaa vaivasi saarekkeisuus. Houn luoma visio ei nojaa Italian nykytaiteeseen vaan globaaliin perspektiiviin. Ulkopuolinen näkee mitä tarvitaan. Jos museo tai maa etsii identiteettiä, käy läpi kriisiä, se on myös mahdollisuus, uudenlainen vapaus. Hou kehitteli avoimen, globaalin, osallistuvan ja radikaalin näkymän, loi kulttuurisen alustan siirtymille, toisentyyppisen älyllisen ja kulttuurisen sisällön elämälle ja yhteiskunnalle. Sen myötä myös Maxxi-museo heräsi koomasta johon oli vajonnut.

Maxxin museorakennus on terästä, betonia, lasia, kiemurainen. Se on kuin lentokenttä tai ostoskeskus, tuo mieleen uusliberaalin kapitalismin rakennelman. Houlle tämäkin oli tilaisuus irtiottoon olevasta. Pingin monumentaaliteokset ja niiden syvällinen kulttuuriperusta on kuin luotu Maxxin tiloihin.

Mihin katosi Kiasma?

Ajattelu ja ilmapiiri Suomessa ei avaudu ilman taidetta, mielikuvitusta, älyä. Poliitikoilta, ekonomisteilta tai yhtiö-kokouksilta sellaista on turha odottaa.

Tarvitaan Houn ja Pingin kaltaisia ylösnousevia persoonia, irtiottavuutta, kykyä syventyä. Taiteen ei tarvitse olla donquijote mutta se voi tarjota aineksia ja ideoita. Taiteen väki Suomessa on sisäpiiri. Taiteilijat jumittuvat toimeentulon ongelmiin, seminaareissaan tuskin muusta puhuvat. Valtio jakaa murusia. Murusta odottacssaan taiteilijat hyppivät kiltteinä koiranpennun lailla. Valtion taidepolitiikka on byrokratisoitu ja erillinen sektori, joka ei kosketa muuta yhteiskuntaa tai olemista. Helsingin juhlaviikoilla kirjailija sanoi että teoksilla ei ole mitään vaikutusta yhteiskunnassa. Tuollainen on mielikuvituksen ja ajattelemisen väheksymistä.

Miksi näin on käynyt?

Taidehallinto on läpinäkymätöntä. Miksi ylipäänsä on taiteen hallintoa. Taide ja hallinto ovat vastakohtia, syövät toisensa. Valtion taidemuseo säätiöitiin 2014. Kaikki muukin säätiöidään, yliopistot, tieteen ja taiteen rahoitus, taidelaitokset, kaikki, kaikki, kaikki. Miksi. Siksi että säätiöt ovat pienten piirien hallussa. Ne eivät ole kansanvaltaa eivätkä ihmisten osallisuutta. Kiasman johtajaa ei haeta julkisesti. Valinta on läpinäkymätön, valinnan eettisyyttä ei voi valvoa. Kansallisteatterissa säätiön hallitus kutsuu johtajan. Oopperassa johtaja haetaan konsulttien avulla. Ehdokkaita näihin tehtäviin ei julkisteta. Tämä on sulkeutunutta taide-elämää jonka sokkeloissa taiteilijat alistettuina piehtaroivat.

Oliko Silja Rantasen protestiero Kansallisgallerian hallituksesta sen jälkeen kun Leevi Haapala oli valittu Kiasman johtajaksi feminismiä vai muuta? Julkisen varoin ylläpidetyn museon johtajan valinta ei voi olla salainen. Tätäkö on valtiovarainministeriön mainostama avoin hallinto? Suomi on salailukerhojen maa. Suomi on harhauttavan populistisen puhunnan maa.

Italiassa taide oli talouskriisin myötä sysätty syrjään. Kuraattori Hou halusi nähdä asian toisin. Vastaavaa taiteen avautumista ja syventymistä kaivataan Suomessa. Mutta vaalikeskustelussa tuskin kukaan edes mainitsee sanaa taide, kulttuuri, tietämys, sivistys, näyttely, näytelmä. Populismia he jauhavat sitäkin enemmän. Politiikka Suomessa on älyllisesti kuollut. Henkinen ilmapiiri Suomessa seisoo. Pysähtynyt maa. Kivikaudelle vajonnut.

Lähteitä

Huang Yong Pingin näyttely Baton Serpent Taidemuseo Maxxissa Roomassa.
https://www.maxxi.art/en/events/huang-yong-ping/

Rome's Maxxi art museum aims to build creativity out of crisis. The Guardian.
https://www.theguardian.com/culture/2014/dec/19/rome-maxxi-art-museum-gallery-exhibition

2. HERKKYYDEN KATO

Bauhaus-henki himmeni

Ihmiskunnan historia viimeiseltä sadalta vuodelta ei pelkisty hyvinvoinniksi, ei edistykseksi, tuskin ilmastonmuutokseksi. Ihmiskunnan historia tiivistyy kahteen sanaan: herkkyyden kato.

Saksassa on tehty tv-sarja Bauhaus. Yle esitti sen tammikuussa 2020. Sarjan viimeisen osan jälkeen lyyhistyin sohvalle, se oli niin koskettava.

Pääosin sarja nojaa aitoihin tapahtumiin. Se on monitasoinen ja siksi sitä voi katsoa monella tapaa: Saksan ilmapiirin kiristyminen, vihan leviäminen, syntipukkien etsiminen, poliittinen historia, taidehistoria, mielikuvituksen irtiotot aiemmasta maailmasta, ihmisten tunnereaktiot, vapauden ja tasa-arvon kuohahdukset, naiseuden rooli, sopeutuminen ja alistuminen, ihmispsyyken moninaisuus, sinnikkyys ja taistelevuus, ihmismielen hauraus.

Sanalla sanoen: Bauhaus kuvaa herkkyyden katoa nykymaailmassa. Elokuvassa se ilmenee pieninä eleinä ja ilmeinä joita kaikkia ei sellaisiksi ensi katsomalta huomaa. Se ilmenee myös tapahtumien kulussa, ihmispersoonissa ja ihmiskohtaloissa.

Dörteen, naispääosaan tiivistyy maailman traagisuus. Elokuvassa Bauhausin johtaja Gropius sanoo Dörten kuolleen 1941 Rostowissa infektiotautiin, liekö totta vai fiktiota. "Haluan tulla Dessauhun opettajaksi", oli Dörten viimeinen pyyntö Gropiukselle. "Katson mitä voin tehdä", vastaa Gropius neljä kertaa, eikä muuta. Noissa sanoissa oli julmuutta ja haurautta yhtä aikaa, syvää tragiikkaa. Julmuuden taustalla oli ajan olot. Dörte kuohahteli kokemistaan vääryyksistä mutta oli myös puoliksi juutalainen.

Elokuvan lopussa Gropius laahautuu kodissaan yläkertaan, on yksin, kykenee vaivoin istahtamaan vuoteelle, katse suuntautuu tauluun seinällä. Taulu on peräisin Bauhausista ja tuo mieleen herkät muistot. Ajatuksineen mies vajoaa itseensä, muistoihin ja kaukaisuuteen. Kaipuu siihen mikä jäi tapahtumatta, suru, muistamisen arkuus ja epätietoisuuskin täyttää huoneen. Lohtua ei ole. Dörte on poissa. Vaimo Ilse on lähtenyt "hälinää pakoon" talosta jossa ei kuulu hiiskaustakaan.

Dörten kohtalo, kuohahtelevuuden ja taiteellisen etsinnän vajoaminen tyhjyyteen ja ikääntyneen Gropiuksen vaipuminen kaihoon ovat hieno kuvaus maailman herkkyyden kadosta, kaipuusta siihen mikä jäi tapahtumatta. Kuvaus on hienovaraisesti puettu ihmispsyyken tasolle, sisäisesti koetuksi.

Miksi sinä valehtelit, Gropiusta haastatellut paparatsitoimittaja syöksyy vielä kerran tinkaamaan. Teet kuolemaa, vietkö salaisuuden hautaan, paparatsi jatkaa metoo-tyylillä. Gropius ei valehdellut. Asia oli hänelle niin herkkä, niin hauras, niin arka, vaikeasti ajateltava tai myönnettävä edes itselle että hän ei kyennyt puhumaan. Oli jäätävä mykäksi

tai alettava jaaritella - kuten toimittaja häntä syyttää - taide-
historiasta, mistä vaan. Toimittajalla ei ollut oikeutta tinga-
ta, hänen herkkyystasonsa ei riittänyt ymmärtämään miehen
psyykeä.

Menen kirjastoon etsimään Bauhaus-kirjoja. Löydän kir-
jan Modernin arkkitehtuurin historia. Gropius joutui siirtä-
mään Bauhaus-koulun Weimarista Dessauhun, joutui eroa-
maan ja pakenemaan Berliiniin, sitten USA:han. USA:ssa
hän piirsi Harvardin yliopistolle Graduate Center -raken-
nuksen. Edellä mainitun kirjan kirjoittaja h.f.ullmann ku-
vaa Harvardin rakennusta näin: Bauhausin henki on poissa.
Sankarillisuutta palvovien ideologioiden kauhujen (maail-
mansota ja kansanmurhat) jälkeen tyylin vaisu sävy näyt-
ti olevan oikea vastaus. Rohkea modernismi oli muuttunut
tyyliksi joka toistui samanlaisena missä tahansa.

Sankari-ideologiat, palvonta, kauhu, vaisuus, samanlai-
suus. Tämä on läntisen historian broadway, laajakaista.

Suomesta löydämme saman kehityskulun. Eduskunta-
talo on sankaruutta palvovan ideologian tuotos, mahtipon-
tia, korkeat pylväät ilmentävät ulossulkevuutta. Dessaussa
oli - mikäli muistan oikein - samanlainen mahtipontisuuden
palatsi, natsihallinnon rakentama, mäellä kuten arkadia.
Sankarillisuus katosi maailmansodan mutahautoihin ja me-
ren syvänteisiin. Tilalle tuli vaisuus ja samanlaisuus. Räi-
keimmillään samanlaisuutta, monotoniaa kuvastaa Pasilan
Triplan julkisivu etelään tai Jätkäsaaren vankilamaiset talot,
Kalastajasataman tummien talojen synkkyys. Kymmenin
tuhansin rakennettujen asuntojen täydellinen samanlaisuus,
pelkkää valkoista, pahempaa kuin sairaalassa, avokeittiö
seinämällä, kalseutta huokuva olohuone. Siinä on Bauhau-

sin iloisen hengen, kokeilevuuden ja värileikkien perintö tänään, syvää vastakohtaisuutta. Tylsyyttä. Tylsyyttä. Tylsyyttä. Elokuvan Dörte oli maalannut teatterisalon katon värien matemaattiseksi leikiksi. Hänet pakotettiin peittämään värit synkänharmaalla. Tätä sinä et voi tehdä minulle, hän huusi johtaja Gropiukselle monta kertaa. Huudahduksessa oli piilosanoma, pohjattoman rakkauden julistus joka oli molemminpuolinen. Heidän rakkautensa oli niin syvä että se saattoi ilmetä vain katkerana riitelynä.

Ihmisen psyyken herkkyyksiä ei nykyinen maailma, sen valta ja hallinta tiedosta, ei ymmärrä, ei halua kuulla.

Läntisen maailman murhenäytelmä tiivistyy kahteen sanaan: herkkyyden kato.

* * *

1980-luvulla joukko suomalaisia retkeili viikon ajan Itä-Saksassa (DDR) Bauhausin jäljillä: Weimar, Dessau, Berlin. Weimarin kaupungintalon edustalla oli - jos muistan oikein - kahta miestä esittävä patsas. He olivat Goethe ja Schiller. Schiller kirjoitti 'Kirjeitä esteettisestä kasvatuksesta'. Tiedossani on vain yksi suomalainen joka on tutkaillut Schillerin kirjeitä, teki aiheesta opinnäytteen. Tässä Suomen kasvatus ja kauneus.

Suomalaispoliitikot, kaavamonopolistit kunnissa, erityisesti Helsingin kaupungin johtajisto on päästettävä esteettisen kasvatuksen peruskurssille. Bauhausin henki ei ole vain estetiikkaa, se kumpuaa ihmispsyyken moninaisuudesta.

Weimarissa muistaakseni oli myös Goethen kotimuseo. Dessaussa, jos oikein muistan, oli kansallissosialistien rakentama, Suomen eduskuntatalon kaltainen linnake. Berliinin keskustassa ihmeteltiin valtaisaa joutomaata, jolla jänikset juoksentelivat. Jänisten oli kiittäminen Berliinin muuria joka jätti suuret alueet tyhjiksi itä- ja länsiosien välissä. Tänään alue on täyttynyt konkurrsikypsän Deutsche Bankin palatseilla. Näimme Berliinissä teräksisen rautatiesillan joka oli sahattu poikki, siinä oli raja jota juna ei ylittänyt. Rajaa vartioi myös Checkpoint Charlie, suomalaispasseineen bussi pääsi läpi. Parin korttelin päässä on yhä nähtävillä kansallissosialistien komentokeskus tai mikä se tarkkaan ottaen oli.

Lähteitä

Bauhaus. Yle Areena, esitetty alkuvuonna 2020.

h.f.ullmann: Modernin arkkitehtuurin historia.

Wikipedian sivut Bauhausista ja Walter Gropiuksesta.

Japani - jumalten jatkumo

Maailman kulttuurit tarjoavat oppimisen aineksia. Tuula Moilasen väitöskirja kuvaa japanilaista elämänasennetta ja uskontojen perinnettä. Japanilaiseen uskonelämään kuuluu valaistumisen ajatus. Valaistuminen on käsitteistä vapa tila, jossa mieli koetaan valona ja spontaanina ilona. Ulkoisesti tämä ilmenee myötätuntoisena toimintana muiden hyväksi.

Japanilaisuudessa korostuu kehon oma viisaus, intuitio jota ei pyritä ohjaamaan tietoisella älyllisellä pohdinnalla. Mietintä, kehon hallinta ja henkilökohtainen valaistuminen liittyvät yhteen.

Jumalten maailman ajatellaan olevan ihmisten maailman jatkumo. Ihmisyys sisältää jumaluuden siemenen. Kristinuskossa Jumala on kaukana ja pyhä.

Elämä nousee ja katoaa rytmikkäästi kuin sisään- ja uloshengitys. Merkityksellistä on sosiaalinen vuorovaikutus. Mikään ei ole olemassa toisista riippumatta.

Japanissa tyhjä alue ymmärretään tauoksi, joka vahvistaa tunnetta tai asiaa. Suomessa ei saa olla tyhjää tilaa, kaikkien pitää olla tarjolla. Eksyneet etsitään, syrjäytyneet kiinniotetaan.

Japanissa odottamisella ja hitaalla etenemisellä on tärkeä merkitys. Elämän tärkeimpiin kysymyksiin ei käydä vauhdilla käsiksi. Odotus on ajankäytön hienovarainen muoto, se on oma taidelajinsa. Tulevasta nautinnosta annetaan vihjeitä. Puutarhassa maiseman kaunein kohta avautuu polkua kulkevalle vähitellen. Odotus virittää osallistujan sopivaan mielentilaan. Virittyminen on tärkeämpää kuin valmis lopputulos. Suomi on tulosohjausta, määriteltyä suorittamista, lopputulospolitiikkaa. Ihminen on persoonaton, väline johonkin, ulkoiselle.

Japanin taruston vanhat jumaluudet ja luonnonhenget ovat säilyneet yli aikakausien ja ovat mielissä edelleen. Läntisessä maailmassa kristinusko karkotti kreikkalaisen jumalperheen ja hävitti luonnonuskonnot.

Ennakkoluuloton suhtautuminen muihin maailmanuskontoihin vastaa japanilaisen aikakäsityksen kerroksellisuutta: kaikki uskonnot voivat olla yhtä aikaa läsnä.

Japanissa vanhuus on alku uuteen. Moni kulttuurimuoto ja harraste ovat ikääntyneen kansankerroksen kehittämiä. Suomessa iäkäs on tekemätön, kyvytön, kustannusrasite, kestävyysvajeen aiheuttaja. Suomalainen vanhuusajattelu on alentavaa ja syrjäyttävää.

Kuolema koetaan elämän osaksi. Hetkellisyyden vertauskuvat voidaan käsittää ikuisuuden symboleiksi. Elämä ja kuolema, hyvä ja paha nähdään toistensa vastavoimaisina osina, ikuisessa yhteydessä toisiinsa.

Onnella on vaihteleva suuntansa kuten tuulellakin.

Tuula Moilanen: Japanilainen puupiirros ajan ja ikuisuuden peilinä. Aalto-yliopisto 2013.

Ranskalaisia fragmentteja

Nainen Pariisin kadulla tietää tulevansa nähdyksi, mutta eri tavalla kuin Helsingissä. Vastaantulevan piskuinen vilkaisu viime hetkellä, luontevasti, ei pyytäen, ei anoen, ei syyttäen. Suomalaisnainen kaivaa esiin kännykän, liimaa katseen siihen tai maahan tai etäisyyteen, yli ja ohi, näpelöi, on toisaalla, piiloutuu, suojautuu. Ranskalainen vain on.

Mistä syntyy itsetunto, keveys? En usko psykologisointiin. Voiman ja olemuksen tai sen puutteen ihminen imee ympäriltään. Kulttuuriperinteen erilaisuus ja mentaalinen eroavuus näkyy. Ei vain naisten tavassa olla tai olla olematta, se näkyy myös siinä, millaisia monumentteja valtiot ja niiden johtajat itsensä kunniaksi rakennuttavat? Gizan pyramidi, Augustuksen mausoleumi, Hadrianuksen palatsi, Pariisin kirjasto, Pompidou-keskus, komission palatsi Brysselissä.

Pompidou rakennutti kulttuurikeskuksen. Mitterrand rakensi Louvren pyramidin, pohti etnistä museota mutta päätyi rakentamaan kirjaston. Kerran se on näkemisen arvoinen, massiivinen rakennelma, ikäänkuin neljä kirjaa avattuna toisiaan kohti. Kirjastosta löytyi näyttely kulttuurien vuoro-vaikutuksen runoilijasta Salah Stetiestä. Suomessa noustaan sisulla muita kulttuureja vastaan. Ranskassa muut kulttuurit nostetaan jalustalle.

Chirac briljeerasi Branley-museolla, etnologiseksi museo se itseään kehuu. Käymättä on jäänyt, portilla olen pysäh-dellyt monta kertaa, vierastan, anastettu muista kulttuureista esineitä kolonialistien tavoin. Museo on herättänyt kiistelyä, estetisoi liikaa, esittää siirtomaakansat koristeina, asiatietoa niukasti. Miksei Sansibarin orjakauppamuseota tai sen ko-piota ole rakennettu Pariisiin tai Helsinkiin. Se sopisi Gug-genheimin tilalle tai rinnalle Eteläsataman rantaan.

Erottaudutaan monumenteilla Suomessakin: Sitra, Aal-to, Teamfinland, Varma. Hallintoon saa halvalla neuvostoja, arviointineuvosto, vakausneuvosto, talousneuvosto, valtio-neuvosto, strategisen tutkimuksen neuvosto. Suomi on neu-vostoliitto, uudestisyntymä. Kansalainen kutistuu, itsetun-nosta ei muistoa, vaalit ovat hämäystä.

Eliitin erottautuminen vie minuuden muilta. Helsingissä kuuluu katsoa maahan. Oudonkummun yhtiökokouksessa Jorma Ollila vaatii palkkion tuplana, 140 000 euroa. Tätä on moderni maailma, josta Pompidou-keskus näyttelyssään kertoo.

Kysymme tarjoilijalta, mistä Mitterrandin kirjaston löy-tää? Mikä innostus, puhetulva! Kysypä Helsingissä, mistä löydämme teamfinlandin? Mikä sellainen on. Kulttuurin ja epäkulttuurin ero, Ranskassa kulttuuri voimauttaa ihmistä, osallistaa. Suomessa epäkulttuuri kutistaa ihmisen.

Pariisi sai alkunsa kalastajaheimon hökkelikylänä, vie-ressä oli Marais'n suot, metsäiset kukkulat, kohta tulivat roomalaissotilaat. Kaupungin rakenteessa on jännitteisyyttä. Kävelet pohjoiselta asemalta Bastiljiin, välissä Tasavallan aukio jolla Macron kaadetaan, astelet Riemukaarelta Notre Dameen, aukiot, kaaret, jänteet, kuin Pietarissa olisit. Nuorukainen tiesi, mitä halusi nähdä: Jim Morrisonin haudan. Moni muukin on haudalle hakeutunut. Pere Lachaise'n hautausmaalta pyörtää kaari Riemukaarelle. Riemukaaren alla lepää Napoleon, Moskovan piirittäjä, Austerlitzin pukari, Atlantilla kuoli. Tämän päivän putinit vietävä samalle saarelle, luo Helenan. Austerlitzin asema on joen vasemmalla puolella Bastiljin tasalla. Hiiliproomut seilaavat Seineä edestakaisin. Hiili, hiiltä täälläkin, ei vain Hanasaaressa ja Salmisaaressa. Helsinki on hiilelle rakennettu ja kehtaa kehua itseään edelläkävijäksi. Häpyä ei. Pariisin lämpiää fossiililla, kauanko moinen jatkuu, milloin Pariisi palautuu suoksi, Marai'sta marais. Kaupunki täynnä kansannousujen muistomerkkejä: Bastiljin pylväs, tasavalta-aukio ja muut. Mielesi kohentuu, alistua ei pidä. Ranskalaiset osaavat marssia. Liivit päälle, keltaa.

Jim Morrison oli Floridasta lähtöisin, kuoli 27-vuotiaana Marais'n hotellin kylpyhuoneessa lähellä Bastiljia, haudattiin Pere Lachaise'n ylärinteeseen. Napoleon ja Jim, kaaren vastapäät. Elämän turhuus, sanoisi Mika Waltari. Kummalle heistä, vai molemmille?

Chick lit'iksi itseään kutsuva kertoo: Pariisissa minua inspiroi se, että ihmiset tulevat tänne kaikkialta maailmasta, täällä on niin paljon elämää. Ja jatkaa: ranskalaiset ovat itsetietoisia, on pakko opetella pitämään puoliaan, itseluottamus ei ole suomalaisten vahvoja puolia. Seuraava romaanini koostuu novelleista. Palasteltu ilmaisu on tätä päivää (palasteltu ihminen, niinpä, fragmentteja minäkin kirjoitan). Euroopalle ja EU:lle on löydettävä uusi tarina, sanovat munkkiniemen ministeri ja saksalainen naiskomissaari. EU on hauras. Eurooppa on hauras. Suomi on hauras. Ihminen on hauras. Pysykää uskollisina vieteillene, kehottaa monimetrinen mainos Pariisin metrossa. Pariisilaisille markkinoidaan syrjähyppyjä. Mitterrandilla oli tytär rakastajattaren kanssa, Chirac nauratti muuten vaan, Sarkozy sotkeutuu sotkuihinsa, Hollandella Segolene ja Valerie. Keveyttä ja itsetuntoa.

Lähteitä

Anuliina Savolainen: Uskottomuutta metrossa.

Kira Poutanen: Rakkaudella Pariisista. Suomen Kuvalehti 9/2013.

Sisäisesti kaunis ei voi
olla kuuliainen

Kuuliaisuus ja ihmisen sisäinen kauneus eivät sovi yhteen. Todella kaunis ihminen ei voi olla kuuliainen. Rakkaus ei ole kaupankäyntiä. Se on taidetta. Noin puhuivat islaminuskoiset libanonilaiset naiset tv-ohjelmassa Kauneuden monet kasvot. Nuori naisrunoilija Joumana Haddad kertoo:

"On käsittämätöntä, kuinka kulttuuri joka on tuottanut kehoa ja seksuaalisuutta käsittelevää upeaa kirjallisuutta jo 900-luvulla, on nykyisessä tilassaan, takapajuinen ja pelkää seksuaalisuutta. Miksi naisen kehoa pidetään uhkaavana? Tästä on tullut keskeinen elementti kaikessa: kontrollissa, uskonnoissa, syrjinnässä. Miksi kulttuurimme on tällä tavalla taantunut? Tätä pohtimaan perustin lehden. Taistelen vapaan seksuaalisuuden ja itsemääräämisoikeuden puolesta. Samalla taistelen maallisen yhteiskunnan puolesta. Libanonilaisessa yhteiskunnassa unohdetaan naisen oikeudet ja naisen riippumattomuus. Kauneus ja erotiikka typistetään esteettisyydeksi. Tällöin ei voi puhua kauneudesta, sillä pinta ei tee ihmisestä kaunista vaan myös hänen sisimpänsä. Kauneutta on ihmisen sisäinen voima ja se millaisena hän näkee itsensä suhteessa muihin. Aivan liian usein naiset muodostavat käsityksen itsestään sen perusteella millaisina muut heitä pitävät tai millaisiksi muut heidät arvioivat. He ovat muiden silmissä kauniita ja kuuliaisia. Minusta todella kaunis ihminen ei voi olla kuuliainen. Ne eivät sovi yhteen. Meitä vaivaa turhauttava itsemme kieltäminen."

Islamia opettava naishenkilö sanoo: "Seksuaalinen nautinto on Jumalan lahja ja ihana asia. Opetan heitä ja puhun televisiossakin, vaikka muut mitä sanoisivat. Rakkaus ei ole kaupankäyntiä. Se on taidetta."

Tärkeitä ovat usko, persoonallisuus ja kanssaihmisiin suhtautuminen. Ne tekevät ihmisestä kauniin. On tärkeää saavuttaa sopusointu tämän elämän ja tuonpuoleisen elämän välille, sanoo nuori tyttö.

Omien halujen kuuntelu ja toteuttaminen on tärkeää. Ihmisellä, myös naisilla on oltava oikeus elää, ilmaista itseään ja käydä ulkona, vaikka diskossa. Nuorten naisten elämää rajoitetaan säännöin. Sisäiset ja ulkoiset kiellot luovat ristiriidan, se estää omien halujen kuuntelemisen. Ihmiset eivät enää suostu elämään kahleissa kuten ennen. Ihmiset haluavat paeta ansaa johon sota heidät vei.

Libanonilaisnaiset käyvät kampaajalla kaksi kertaa viikossa. Tukan tulee hulmuta tummana, pitkänä ja valtoimenaan. Huivi on tapa koristautua. Jumala ja islam eivät kiellä kirkkaita värejä. Pariisissa oli ihmetelty, miksi Libanonissa myydään niin paljon leninkejä. "Kaunistautuminen on meille keino selviytyä ja osoittaa että olemme olemassa - mikä ei tarkoita että ajattelisimme vain kaunistautumista".

Kapinallisuutta ja sovinnaisuuksista irtiottoa kaipaa myös ruotsalaiskirjailija Therese Bohman. Hän ei löydä paikkaansa keskiluokkaisesta yliopistomaailmasta. Keskiluokkaisten naisten, feministien maailma ja yliopistomaailma on sulkeutunut ja rajallinen. Therese kertoo olevansa työläistaustainen. Energia ja voima puuttuu nykyisestä kulttuurista. Toinen nainen -romaanin nuori tyttö tiskaa sairaalakeittiössä. Tyttö haluaa olla naisellinen flanööri, kuljeksia ajatuksissaan, lukea kirjoja, kokea taidetta ja musiikkia. Tiskaus on monotonista vailla korkeampia ajatuksia. Kirjaa miettiessäni kävelin vain kaupunkia ympäri, Therese sanoo. Hän haluaa elää sovinnaisuuksien ulottumattomissa.

Lähteitä

Kauneuden monet kasvot. tv-sarja. Yle 2015.

Porträtt: Therese Bohman. NEO 5/2012.
http://magasinetneo.se/artiklar/portratt-therese-bohman/

En voi, en voi, sanoi Frida Kahlo

Frida Kahlon sinisessä talossa leikkaa 1900-luvun unelmat ja tragiikka. Talosta huokuu Ranskan ja Meksikon surrealismi, alkuperäkansojen kulttuurit, meksikolaisarki, polion kipu, siteiden hajut. Menneen vuosisadan tilinpäätös, mitä se opettaa?

Carlos Fuentesin johdatus

Carlos Fuentes on kirjoittanut johdannon Frida Kahlon päiväkirjaan. Fridasta on tullut kansallinen kujeileva keiju aikana jolloin Meksiko luopui tieteellisen positivismin jäykkyydestä ja löysi intuition, lasten tai intiaanien huolettoman, vapauttavan viehätyksen.

Kahlon surrealismi rakensi maailmaa minän palasista ja siruista, kulttuurin perinteistä. Hän rakasti yllätyksiä, sisältä kumpuavaa lyriikkaa, tuntemuksia, mielialoja, reaktioita elämään. Esikolumbiaaniset myytit, afro-amerikkalaiset riitit, intohimon nälkä takasivat Latinalaiselle Amerikalle surrealismin, joka ei alistu sääntöihin.

Meksikon vallankumous vuonna 1910 vaati taiteeseen realismia. En voi, en voi, vastasi Frida. Taide piilee syvemmän, taustalla olevan totuuden henkiin herättämisessä. Miten lähellä vallankumouksen estetiikkaa tämä ilkikurinen henki silti oli. Frida ja muut vapauttivat meksikolaisen muotokielen, maiseman ja värit akateemisuuden kahleista.

Hänen teoksensa, vaikka ne kuvasivat sisäistä maailmaa, olivat lähellä materiaalista maailmaa, eläimiä, hedelmiä, kasveja, maata, taivasta.

Frida on panteisti, nainen joka julistaa luonnon kunniaa, tutkii olevaisen keskinäistä suhdetta, luomakuntaa pyhänä pitävä papitar. Hän viljelee hedelmällisyyden symboleja: kukkia, hedelmiä, apinoita, papukaijoja, ei koskaan irrallisina vaan kiedottuina nauhoihin, kaulakoruihin, viiniköynnöksiin, suoniin ja pensaan oksiin. Rakkaus on juhla, suuri liitto, pyhä tapahtuma.

On rakennettava nykyisyyden kulttuuria, jossa menneisyys on läsnä, joka ei sulje mitään pois vaan ottaa mukaan kaiken, väestön juuret, intiaanit, mustat, Välimeren rannoilta ja Iberian niemimaalta tulleet, arabit ja juutalaiset.

Meksikon vallankumous sai kansan näkemään itsensä ja kulttuurin jatkuvuuden. Se kasvatti Fridan tapaisia naisia, sai heidät tajuamaan mitä olivat unohtaneet ja miksi halusivat tulla.

Rumuus ja kipu johtavat itsetuntemukseen. Siitä tulee kaunista siksi että se on yhtä sisimmän olemuksemme kanssa. Tapa käsittää kauneus itsetuntemuksena, joksikin tulemisena vaatii rohkeutta. Tämä on Kahlon perintö kasvottoman planeetan harmaalle massalle. Toteutumattoman odottamista, ei vielä olemista, lähestymistä, muodon etsintää.

Fridaa lukiessa kummeksuttaa suomalainen vaalikeskustelu ja ilmapiiri muutoinkin.

Elämän kasvottomuus, vieraiden vieroksunta, impivaara-pilkka, rumien ja köyhien torjunta, puolueiden sulkeutuminen omaan piiriinsä - tätä huokuu politiikka ja vaalikeskustelu Suomessa.

Kulttuuristen juurten arvostus, niistä oppiminen, maailmalta tulleiden yhteiselo, erilaisuuksista rikastuminen, nujertumattomuus, tuntemukset, lyriikka, mukaan ottaminen - miksi ei tätä.

Miksi hekin, jotka esiintyvät tulevaisuuden ja suvaitsevuuden airuina, puhuvat voittajista ja häviäjistä, kilpailukyvystä, Suomen menestyksestä muiden ohi? Sulkevaa, torjuvaa ja muita alaspainavaa puhetta.

Olen liikkunut Chilen ja Atacaman autiomaissa, Kuuban Sikojen lahdella, Havannan valottomilla kaduilla, rotujen vilinässä New Yorkissa, Washingtonin harmaudessa, Quebecin taiteilijoiden parissa, Meksikon kalastajakylissä ja kalastusveneissä yön keskellä Tyynenmeren rantavesillä, vuorten koloniakylissä ja hopeakaupoissa, Ostian rantakadun parvekkeella, Materan kallioasumuksissa, Intian valtameren valkohiesulla Sansibarissa, orjakauppamuseossa, Tansanian luonnonpuistossa leijonan ja virtahevon kaverina, nähnyt paikallisten iloisen hengen, elämisen keveyden.

Suomessa elämä on raskasta ja harmaata, asunnot vitivalkoisia sairaalaloukkoja, talot laatikoita, suuri osa maata on lepikkoa ja pajukkoa, peräpohjolaa.

Frida Kahlon päiväkirja. Carlos Fuentesin esipuhe.
https://www.antikka.net/naytatuote.asp?id=535620

3. MAAILMA ETSII ITSEÄÄN

Kiehtovaa käydä New Yorkissa

Mitä maailman liikunto on? Vetovoima, painovoima, poistovoima, pimeä energia, dark fluid, kaarevuus, alkuhehku. Fyysikot eivät tiedä perimmäistä vastausta, joutuvat ihmettelemään. Onneksi niin - silloin mekin saamme ihmetellä. Mitä on Amerikka, tämä on nyt aiheemme? Miksi on kiehtovaa mennä New Yorkiin? Viisi vuosisataa sitten mannahatta oli kalliota ja metsää, saarta pitkin kulki piskuinen intiaanipolku. Ensi kerran käydessäni halusin kävellä saman polun, broadwayn, leveän tien - saaren eteläkärjestä lähtien.

Muodon muutos, metamorfoosi

Ovidius kokosi ihmiskunnan tarinat kirjaansa Metamorfooseja. New York, millaisen tarinan sinä kerrot? Onko maailma muualla kokenut yhtä rajua muutosta kuin sinä? Mitä sinusta opimme? Neitseellinen saari, avaudu meille.

Kun Suomea tehtiin, luotiin mytologiaa, astraa ja tuonelaa, kalervoa ja kullervoa. USAssa samaa yritti historioitsija Turner. 'Amerikkalaisuus', yli preerian ja rajaseudun, läpi lännen, kautta mantereen, palkkio intiaanin päänahasta. Pauliina Raento ja Ilkka Lakaniemi laskevat myytin jalustaltaan kirjassa Yhdysvallat.

Jääköön siis myytit ja preeria. Etsimme maailmaa fysiikan kautta, lähdemme kuvaannollisesti Lucretiuksen ja Jared Diamondin jäljille.

Ihmisen maailma, karkeistettu kuvailu, emergoitunut, informaation hukkauma. New York, atomaarinen tanssi meren ja mantereen leikkauksessa. Mistä synnyit, miksi olet tuleva? Mitä on Amerikka?

Diamond todisteli, miksi Eurooppa valtasi Amerikan eikä toisinpäin. Amerikan manner sattui olemaan pystysuora ruikula, maanmuoto ja ilmastovyöhykkeet eivät päästäneet kasveja, eläimiä ja ihmisiä vuorovaikutukseen, jätti heidät erilleen, yhdet pohjoiseen, toiset etelään. Toisin oli Puolikuun alueella Välimeren pohjukassa: pysty- ja vaakamanner leikkaavat toisensa, elämänmuotojen moninaisuus ja vuorovaikutus synnytti kulttuureja, kotieläimiä, maanviljelyä, jokilaaksoja, valtioita, runoa, tietoa, tiedettä.

Väärässä olin

Yliopistoväen ihailema Baudrillard kirjoitti vuonna 1991 kirjan Amerikka. New Yorkin olemusta hän luonnehti näin:

Todellinen, villi ja epäinhimillinen, ihmisen ylittävä

anti-arkkitehtuuri on rakentunut yksinomaan New Yorkiin. Se viis veisaa ympäristön, hyvinvoinnin tai ihanteellisen ekologian vaatimuksista. Villi? Aikoinaan, ehkä. Tänään löydät pienen yksityisyytesi, suljet silmäsi kuten matkustaja metrossa. Haet oman galleriasi. Ylittää ihmisen? Entä jos tunnet olosi kotoisaksi? Kuljet maassa mutta katsot ylös. Tornien välissä on suojaisaa. Pidän aukiosta, mutta myös rajatusta tilasta. New York viisveisaa ekologiasta? Olet tiivis ja kinteä. Tiiviys on jäykkää, ei jousta, ei sopeudu. Suomessa sipoolaisarkkitehti sanoo samaa mutta Aallon professori pilkkaa häntä tiiviyden moittimisesta.

Amerikka on hoksaamista

Italian Verrazano pulmahti (nykyisen) New Yorkin lahdelle 1524. Pani merkille paikan avut: leppeä lahti, suojaisa satama, joki tuo raikkaan veden, kauppaa maalta merelle ja mereltä maalle. Kuin tikkurila Suomessa, oravannahkoja tikussa. New Yorkin ohivirtaavalle Hudson-joelle nimensä antanut Hudson etsi Intiaa, mutta tuli heitetyksi Hudson-lahden jäiseen veteen. Mannahattan eteläkärjessä amsterdamin väki ei viitsinyt tapella Britanniasta tulleen yorkin väen kanssa. Mutta intiaanien suuntaan seinämuuri (wallstreet) oli tarpeen.

Amerikka on välistävetoa

New Yorkin lahdelta länteen löytyivät virran lisäksi suuret metsät ja vielä suuremmat järvet. Kanava Atlantilta Suurille järville valmistui 1825. Turkiksia, puuta, mineraaleja, terästä, tupakkaa, teetä, öljyä, edestakaisin loputtomat määrät sinne ja tänne. Moisia kauppasolmuja ei maailmasta montaa löydy. Pieni marginaali tavaraa kädestä toiseen siirrettäessä luo miljonäärin.

Vanha maailma

Vanhassa maailmassa Atlantin itäpuolla ihmiset tuuppivat toisiaan. Ellei rutto pystynyt ihmiseen, niin perunaan kuitenkin. Laivaan ja pakoon. Työperäistä maahanmuuttoa carnegielle, rockefellerille. Jos tulijalla oli röhinää keuhkoissa, niin Ellis-saarelta takaisin kyynelten kera.

Amerikka on tiimari

New York elää kaduilla, tavallinen kansa. Mutta New York elää myös tarinoina, kohtaloina. Parhaita ovat pienet alut. Kaupan myyjä Woolworth hoksasi ryhtyä tiimariksi. Jokainen tavara 50 centtiä, ota ja osta. Tuloksena oli New Yorkin ensimmäinen pilven piirtäjä, Woolworth Building. Silloin vielä ymmärrettiin leikin päälle, arkkitehti muotoili pilakuvan itsestään ja kauppiaasta buildingiä ihmettelemään

Amerikka on ruutupaperi

Amerikka on geometriaa, klassista ja suoraviivaista. Ei kaarevaa kuten Einstein sanoisi. Luonnonmuodot, ihmisen jäljet, veden kierto, joen mutka, kallion kieleke, kaikki on pyyhitty pois. Manhattan on jaettu 11 viivalla pituussuunnassa, yli sadalla viivalla poikittain. Siinä on ristikko, eksyä et voi. Eka, toka, vika. Niin jaettiin myös manner, ruutupaperi preerian ylle, saatiin ohiot ja minnesotat. Amerikka on insinööri, yksiviivaista ja moniviivaista. Vaihtoa, kauppaa, tuhkaa. Amerikassa syntyi talouden rationaliteetti, johon maailma kuolee. Suoraakulmaa, yhtä viivaa, high waytä, tyhjennyttä muotoa, liikelaskelmaa, kirjanpitoa, ohentumista, keinotekoista, muotoon kangistumista, dinosaurusten ryminää, innovaation kuolemaa. Jos ette usko, katsokaa kuvia autotehtaiden myymättömistä autokentistä. Missä on ekologia, luonnon muodot, monimuotoisuus, diversiteetti, ihmisen mieli, kallion kuve? Amerikka kaatuu kuin komea honka jonka tyven hiiret ovat nakertaneet.

Kehätie

Euroopassa kaupunki suojattiin muurilla. Amerikan kaupunki suojautuu moottoritiellä. Katsoin uusin silmin Manhattania. Toden totta, 8-kaistainen autotie, milloin ilmassa milloin maan päällä tai tunnelissa, kiertää saaren. Miksei rantaraitti, kuten Espoossa. Manhattan täytyy ajatella uusiksi. Pitkulainen saari kohoaa meren ja joen kainalosta. Vihreät rannat, juttelevat ihmiset, aurinko lämmittää, kuppi kahvia - näinkin voisi olla. Kaupungin siluetti nousee asteittain kohti Midtownia. Kuin maailman pyhitys, glooria. Tänään saari sulkee ihmisen, ei avaa merta. Kaduilla ja kuiluissa elät, kohottaudut jos jaksat. Amerikka käpertyy, ei ymmärrä muuta maailmaa. Lentokone livahti muurien sisään.

Jätteiden long island

Astelen Macyltä thanksgiving-ostosten jälkeen kohti Dylania, kello on kymmnen illalla. Hämärät kadut pursuavat mustia jätesäkkejä, röykkiöittäin. Pakkauslaatikoita ei ole liitsattu, raivostuttavaa. Venäläisautoa muistuttava jäteauto möyryää, miehet heittelevät säkkejä käsin. Nobel-päivänä LeClesio juttelee televisiossa, sanoo asuneensa intiaanien mailla, vuonna 1855 nujerrettu päällikkö ennusti amerikan hukkuvan jätteisiin. Ellis-saari paisui metrotyömaan jätteistä. Tämän päivän säkeistä syntyy uusi pitkäsaari, longisland. Amerikka, innovaatioiden kehto. Lassila&tikanoja, ympäristöteknologian markkina odottaa kuin intiaanien hävitys muinoin.

Melkein ympyrä

Raideliikenne pelastaa maailman, sanotaan. New Yorkin metro rämisee, meteli huumaa korvat, hajoaako vaunu. Mutta halpaa on, john f kennedyltä kahdella dollarilla mihin tahansa, roomassa veivät kympin. Vasta paluumatkalla tajuan tutkia karttaa. Linjahan on lähes ympyrä, Queensistä Midtownin kautta takaisin Queensiin. New York koostuu isoista saarista. Metro punoo saaret yhteen. Lähellä Kennedyn kenttää Brooklynissä vilahtaa hautausmaa. Osa siitä on törkeässä kunnossa, ei auta vaikka taiteilijat Paul Auster, vaimonsa Hustvedt ja ketkä muut kehuvat brooklyniaan. Täällä en jaksaisi asua. Metron matkustajista huokuu sulkeutuvuus, kyräily, yksi on nukkuvinaan, yksi lukee ääneen itselleen, nuoret ottavat tilansa, housut lököttää kuin teineillä Suomessa.

Ajan kanssa

New York Pass ei ole halpa, mutta taidemuseot sillä näkee. Jos hyvä näyttely osuu kohdalle, täytyisi olla aikaa, pysähtyä, istua, miettiä, kirjoittaa muistiin, koko päivä. Amerikan taide hakee amerikkalaisuuden olemusta, yrittää antaa sille hahmoa - mikäli olemusta on. Valokuvaa on paljon mutta samaa mitä televisiosta Suomessakin näkee, walmarttia. Amerikkalainen ei etsi alkuperää, ei henkeä eikä syvyyttä. Aloin lukea uusin silmin euroopan viisaita, tutkijoita ja filosofeja. Älkää sitä syvyyttä hakeko. Mitä se on? Ollaan vaan, nautiskellaan, riennetään.

Guggenheim hukkui valokuviin, mutta muuten hökötys kumisi tyhjyyttään. Laitoksesta puuttuu draivi. Whitney on toista maata, pääsisinpä uudestaan, oleillen ja koko päiväksi, koko matka meni hukkaan kun ei saanut whitneyssä miettiä. Moman paras osio, suuri kerros pelkkää patjaa, ihmisiä vieri vieressä torkkuillen, oi mikä taideteos. Kävelin tunnin tai kaksi Chelsean rantamaa löytääkseni gallerian jota netissä ihailin. Suljettu.

Messun arvoinen

Antiikissa marmorit ladottiin pylväiksi, koottiin kolmiot, kirjailtiin friisit. Keskiajalla pystytettiin torneja, goottia tai romaania. Isle de Francen Damella on ylväästi kaksi tornia. Kaksi tornia nousi myös Manhattanin eteläkärkeen, 411 metriä maasta taivaaseen. Eikö maailma ollut messun arvoinen. Ei, Amerikka siirtää tavaraa kädestä käteen ja vetää välistä. Se on world tradea. Seuraavalla kerralla tornien paikalla oli syvä kuoppa. Ja taisi Damekin palaa. Historian lopun elkeitä.

Damen messun henki, kulttuurisuus, ihmisyys, sosiaalisuus. Ei, elämämme typistyy tavaransiirtelyksi, kaupankäynniksi.

Amerikka on peli

Peliin lumoutuu. Enron pelasi kirjan pitämisellä. Pankit ja investoijat lumoutuivat johdannaisiin, mistä ne oli johdettu, suureen lamaan ne kyllä johtivat. Hankitaan uusi peli, fantasia-peli: kuvitellaan maailma, jossa pankkeja, finansseja, autotehtaita, dodgeja ei pelasteta.

Pyramidin houkutus

Faraon sielu tarvitsi asunnokseen pyramidin, siirtyäkseen lännen maahan, kuolemattomaksi. Augustus sanoi: jätin jälkeeni marmorikaupungin. New York on täynnä kuolemansa voittajia. Kukin Rockettes rakensi vuorollaan tornin. Woolworth, Flatiron, Chrysler, Empire State, Rockefeller, GE, PanAm, World Trade Center. Tornillaan pimensi Panam kaupungin taivaan pimetäkseen lopulta itse (Bauhausin opettaja von Mies tuon taisi piirtää). Bushin lemmikki Enron kaatui kätkyeisiin. Chrysler, General Motors ja Ford anelevat polvillaan valtion edessä. Notre Dame, ainoa pystypäinen, mutta Atlantin tällä puolen, syttyi syttyäkseen. Töölönlahdelta silmään osuu Kallionkirkko, kas, empire state building, mutta onpa nössö.

Amerikka oli auto

New York syntyi tyhjästä. Tyhjän päälle levittäytyi myös amerikan automahti. Bensa maksaa 50 centtiä litra, tulivoimaa Irakiin. Kuusi vuotta sitten seisoin WTC:n kuopan lautaterassilla. Kaivinkoneet möyrysivät, kuorma-autot veivät pölyävää jätettä. Takanani oli pitkään seisonut nuori tyttö äitinsä kanssa. Yht'äkkiä huomasin:

tyttö itki. Itkeekö Amerikka?

Bryant Park

Saaren ainoa vihreä keidas eikä sekään ole vihreä. Kerran vietin puoli päivää Public Libraryssä. En huomannut, että kirjaston kyljessä on Bryant Park, niin pieni ja huomaamaton se on. New Yorkissa ihminen rajaa luonnon, ei toisinpäin. Alan Weisman pohti maailmaa meidän jälkeen, mitä New Yorkille tapahtuu, kuinka vesi valtaa ja teräs hapertuu, seinät peittyvät, susi palaa. New Yorkin rakentamishistoriasta voi hahmottaa linjan. Sata vuotta sitten rakennettiin julkista tilaa: Public Library, Grand Central, Metropolitan Art, Metropolitan Opera, Sant Patrick's, miljonääri rakensi Carnegie Hallin. Sitten tulivat kauppiaat, terästehtailijat ja empiret. Kauppiaiden jälkeen on susien vuoro.

Amerikka on standardi

Rockefeller perusti Standard Oilin vuonna 1870.

Mikä maailma liikuttaa, kysyimme aiemmin. Fysiikka ja matematiikka ovat estetiikkaa. Tiede löytää maailman kauneuden. Geometria, fysiikka ja avaruus kaareutuu yhtälöiksi. Jos ihminen standardoi luonnon, onko se maailman kauneuden löytämistä? Standardi pysäyttää liikkeen, estää uusiutumisen. Maailman kansojen elonriemu on tuhottu keskittämällä ja standardeilla. Katsokaa Pasilaa.

Näkymä viidenneltä avenjuulta Rockefeller-centerin suuntaan. Löytyykö maailmasta huilakkaampaa arkkitehtuurinäkymää? Baudrillard, olen kanssasi eri mieltä. Huikea rakennus ylittää ihmisen, mutta voi se myös kohottaa mieltä. Taide vai standardi?

Amerikka syntyy uudestaan

Mitä New York meille opetti? Amerikka ja New York syntyi kun oli tilaa vallattavaksi, oli suotuisa maankolkka, luonnon antimia omittavaksi, tuli jengiä maailmalta, joukossa joku hoksaava. Tänään ei tule uutta väestöä, tila on tiukilla, ei ole antimiakaan. Ihmisiä turhautuu ja masentuu. Millainen dynamiikka enää on mahdollinen?

Amerikan dinosauruksilta loppui sopeutumiskyky, jäykistyivät, uskoivat ikuisuuteensa. Suuruuden ihannointi, keskittäminen, viivoittaminen, oikoistus, tulosohjaus, systeemisyys, siinä tämän päivän dinosaurukset Amerikassa ja Suomessa.

Suomen innovaattorit puhuvat keskittymistä, standardeista ja systeemisyydestä. Pahalta kuulostaa, tosi pahalta. Vuonna 2020 Helsingin ilmastoflirtit puhuvat systeemisestä muutoksesta. Varokaamme, he eivät kerro mitä heidän muutoksensa on, systeemisyys. Se on sana johon voi kätkeä mitä tahansa, sana joka voi tarkoittaa mitä tahansa. Sellaista on varottava. Sellainen on pahaenteistä. Valittu kansa.

Ihmisten ja kulttuurien liikunnot, kohtaamiset, virikkeet, vaikutteet, haasteet, diversiteetti, emergenssi, monimuotoisuus, pienet tarinat, ihmisen kohtaaminen. Tässäkö uusdynamiikan avainsanoja.   (2008)

Risteilevät kulttuurit

Kymmenet miljoonat ihmiset maailman eri kulttuureista ovat virranneet New Yorkiin, osa on jäänyt, osa jatkanut sisemmälle. Onko New Yorkissa kuultu maahanmuuton vastaisuudesta? Eipä juuri. Maahanmuutto alueelle alkoi nelisensataa vuotta sitten. Tänään New Yorkissa on alakulttuureja maailman kaikilta kolkilta: kiinalaisia, italialaisia, irlantilaisia, suomalaisia, karibialaisia, meksikolaisia ja muita. Jos maahanmuutto ei ole ongelma New Yorkissa, miksi se olisi ongelma Suomessa tai Euroopassa? Eikö ole päinvastoin? Erilaisten kulttuurien edustajat maapallon eri puolilta voidaan ottaa vastaan juhlan tavoin. Mikä visio onkaan olla maailman kulttuurien kohtaamispaikka, kulttuurien risteymä, sulauma, kooste. Kulttuurien kohtaaminen on kehityksen spiraali.

Toki New York kasvoi edukkaista olosuhteista. Sijainti valtameren rannalla kohti Eurooppaa, hyvä paikka satamalle, vettä juotavaksi. Keski-Lännen suurille järville avattiin kanava. Kanava toi käyttöön metsiä, mineraaleja, vettä, energiaa, öljyä, hiiltä ja muuta. Paronit ottivat välistä siivun, sikisi pohattoja, rockefellereitä ja carnegeitä. Välistävedot kohosivat torneina korkeuksiin. Tavallisempi väestö, maahanmuuttajat poimivat murusia joenpenkoilta ja katuvarsilta, kiinatownissa.

New Yorkin Zuccotti-puistossa sadat telttailijat vastustivat rosvoparonien valtaa. Bloomberg tyhjentää puiston kuin Kiina Tiananmeren aukion. Ei pidä ihailla Amerikan auvoa liikaa. Sisällissodasta on aikaa puolitoista vuosisataa. Entä seuraavat sata vuotta?

Kaksi tekijää - onnekkaat olosuhteet ja eri kulttuureista tulleiden ihmisten virta - tuottivat sykkeen. Mihin syke johtaa tulevaisuudessa, on avoin kysymys.

Suomi ei ole oloiltaan yhtä onnekas kuin New York. Mutta onhan täälläkin. Lähellä kiertää Jäämeri. Itämeri avautuu kohti Atlantia. On metsää, vettä, ilmaa, valoa. Mitä olisi enemmän? Ihmisiä, erilaisuutta, kulttuurien tajua, maailmalle avautumista.

Tervetuloa kaikki maahanmuuttajat. Mitä erilaisimmista kulttuureista tulette, sen parempi. Ei työvoimaksi ekonomistien puhunnassa, vaan erilaisten kulttuurien toimijoina. Etelä-Amerikasta, Andeilta, Atacamasta, intiaaneja, Kuubasta, Meksikosta, Indonesiasta, Tasmaniasta, Siperiasta, mantuja tai hantuja.

Suomi maailmankulttuurien kohtaamispaikkana, kulttuurisen sulauman ja kypsymisen uutena maana, New Land.

Kuinka muut eivät ole tätä hoksanneet!

Afrikan tulevaisuus / Tansania

Viikon ajan kiertelimme Tansaniaa. Vaikutelmia, ajatelmia, monenlaisia. Mieli lentää, syvälle ja kauas. Livingstone etsi Niilin alkulähteitä niitä koskaan löytämättä - ei olematonta voi löytää. Toinen britti etsi elämänsä ajan Amazonin kadonnutta kaupunkia (samanniminen elokuva) mutta katosi lopulta itse poikansa mukanaan. Kadonnut kaupunki löytyi puoli vuosisataa myöhemmin. Olematonta tai lähes sellaista etsin minäkin. Mieli lentää.

Tässä alkupaloja:

Salama iskee lähelle, maa tärähtelee. Bambuhotellin lukitussa huoneessa pilkkopimeys, sähköt poikki, missä on avain jos salama majan sytyttää, oveakaan en löydä. Sama Darissa, puoli metriä vettä kadulla, autot liikkuvat juuri ja juuri, hotelliin ryöppyää vesi yläkerroksia myöten. Kiinan insinöörien rakentama kuusikaistatie ei edes valmis mutta nyt jo suljettu, on tulvan alla, taloista näkyy vain katot. Australiassa palaa, siellä ei sada, itäisessä Afrikassa moninverroin. Nämä ovat saman asian kääntöpuolia, lämpö kasautuu Intian meren länsilaitaan, nostaa sateen. Tämän ilmiön, Dipolin, sisar Tyynellä merellä on El Nino. Jos mihin niin näiden selittämiseen tarvitaan tieteellistä viileyttä, ei hysteriaa. Maantie kohti Sambiaa ja Kongoa, tien pusikossa rekka kyljellään, toisella puolella kyljellään bussi, ovat raapaisseet toisiaan, ei ihme kun kuopat kierrettävä milloin oikean milloin vasemman laidan kautta. Tuossa jo toinen bussi kyljellään, ikkunat säpäleinä, ulosryömineet ihmeissään vieressä. Satojen öljyrekkojen jatkuva virta, ajavat perä perää, öljyä länteen, tyhjänä itään, yötä päivää, mihin öljy viedään, Sambiaan, Kongoon. Putkihan tuohon olisi pitänyt rakentaa, tai öljyjuna kuten Venäjältä Kilpilahteen. Afrikka on - tältä osin - fossiili, kaukana neutraalista. Mitä se neutraali tarkoittaa, politiikan kieli on mystiikkaa. Mikumin savannilla eläinten vuon aloittaa kirahvi ja impaloitten laumat, sisemmällä virtahevot, leijonat, seeprat, kuningas python. Majapaikan olut maksaa tuskin kahta euroa. Seafood-soupissa outoa lihaa, syöhän tuota paastopäivän ja ripulin jälkeen, ai, se olikin mustekalaa. Ihmisten ilottelu meren rannalla Sansibarissa, lapset rakentavat levämajaa, teinipojat pelaavat jalkapalloa valkohiesulla. Meri luo avaran mielen. Siipiratas vai mikä tätä laivaa kuljettaa, saarelle ja takaisin, vauhtia 10 kertaa Tallinnan lautta. Darin edustalla yli kymmenen konttilaivaa täyslastissa ankkurissa, miksi, Kiinaan, Intiaan, Vietnamiin vai mihin. Sansibarin torilla orjakaupan kammiot, ruoskintapuu, risti kuin ristuksella, orjan veri kuin viimeinen ehtoollinen. Päätä särkee ibu auttaa. Nairobin kentällä ebolan pelko, miksi virkailija tuijottaa yläviistoon, ahaa, jokaisen lämpötila läpivalaistaan, et pysty huijaamaan, taululta sen kaikki näkee. Taudin kuvaus kuvotti, kova päänsärky, vatsakipu, lihassärky, veri vuotaa, minä en kestäisi.

Afrikkaa ja maailman tilaa voi lähestyä lukemattomista suunnista. Pakko on sallia tietty satunnaisuus. Pieni hulvattomuus voi elävöittää tekstin ja herättää kysymyksiä, joita et muuten keksisi.

Afrikka ohi Kiinan ja Intian, Eurooppa jää alaviitteeksi

Jutta Urpilainen strategioi Afrikkaa EU:n nimissä. Entä jos onkin toisinpäin. Afrikka strategioi Euroopan. YK:n väestölaskelman mukaan vuonna 2100 Afrikassa olisi 4,5 miljardia ihmistä, Euroopassa edelleen alle 700 miljoonaa, alle viidesosa Afrikan väestöstä. Kumpi kävelee kumman yli. Ihmismassalla on painoarvonsa. Mikä voima pysäyttää viisin- tai kymmenkertaisen massan.

Koko maapallon väestöstä Afrikassa asuisi vuonna 2100 noin 40 %, 4-5 miljardia. Afrikka olisi selvästi suurempi kuin Intia tai Kiina, jotakuinkin yhtä suuri kuin koko Aasia. Tänään Kiina mestaroi Afrikassa, milloin osat kääntyy. Jääkö Eurooppa alaviitteeksi maailmassa kuten Tansania tänään.

Alakulo läpi Tansanian, läpi itäisen Afrikan. Miksi?

Darista länteen ja lounaaseen kulkee maantie josta on vaikea tietää mihin se vie, ehkä Sambiaan, Kongoon, kierrettyään ensin Tanganjika-järven eteläpään. Tuo järvi on osa itäisen Afrikan hautavajoamaa. Vajoaman havaitseminen oli aidosti uutta tietoa, tiedettä. Geologien mukaan Afrikan sarvi irtautuu ennen pitkää mantereesta ja lähtee omille teilleen, suuntaa Intiaan. Siinä menee Etiopiat, Somaliat ja Eritreat sekä Mikumin leijonat. Tänään vauhdiksi kerrotaan lähteestä riippuen 4 - 10 milliä vuodessa. Hidas on vauhti, yhtä hidas kuin Tansanian sosiaalinen kehitys tänään.

Valistuksen taisteluhuuto nousee, kirjoitti professori taannoin. Tansanian maanteiden varsille huuto ei ole kiirinyt. Murjujen loputon virta, voi oi. Kojut huojuvat keppien varassa, ressu riekkuu tuulessa, tuskin kukaan mitään kojuista ostaa. Kepin juurella tuhraa tulta nainen, keittää riisiä vai tiskaako kuppia. Jo Darista kojujono alkoi, jatkuu ja jatkuu, kohta ollaan Morogorossa. Darin kupeessa Kiinan insinöörit rakentavat kuusikaistatietä, vähempi ei mahtipondille ja ksiille riitä. Tänä aamuna kyhätys oli tulvan takia suljettu, aamulla jyrisi ja tärisi, Darin kaduilla olisi voinut uida. Ei riittänyt Kiinan tietämys Afrikan ilmaston tuntoon. Palatessamme parin päivän kuluttua kuusikaistan keskiura oli sentään avattu. Mutta tietyömaan penkoille olivat hökkelit jo löytäneet. Nykymaailman kuva: kuusikaista ja hökkeli, Kiinan leuhke ja Afrikan murje.

Tansania kuuluu maailman köyhimpiin, kertoo länsi-mittarit. Miksi näin on? Ei Tansanian seutu osaton olisi. Tärkein vientituote on kulta. Rannikolta on löydetty öljyä ja maakaasua. Sisämaassa on vuoria ja vesivoimaa. Impalalaumat täyttävät savannit. Ei Suomessakaan muinoin muuta ollut kuin metsää ja järvenpohjan ruosterautaa. Puuhattiin ja keksittiin, tervaa, lankkua, myllyä, verkkoa, sellua, voita, runon laulantaa. Miksei Tansaniassa, ylipäänsä Afrikassa? Helppoihin vastauksiin emme tyydy. Turha psykologisoida, leimata somaleja. Syyt ovat syvällä ja moninaisia. Löydämmekö niistä edes osaa.

Humoristi kysyisi, mikä on Tansanian työllisyysaste? 30, arveli matkalainen. Kysymys on yhtä absurdi kuin vastauskin. Työllisyysasteen käsite on absurdi, niin Suomessa kuin Afrikassa. Siksi myös politiikka on absurdia, Suomessakin. Ekonomistien tiede johtaa hattarapilveen.

Miksi miehet kyköttävät majojensa edustalla tai tien poskessa. Ei istumalla kulu edes aika. Miksette pese likaisia seiniänne, kohenna nurkkapäitä, ojenna keppejä, peittele teiden kuoppia. Ylös vaan, verkkoa kutomaan, sukkula käteen.

Kerran näimme kuinka homma sujuu, ei olisi Suomen pojat pärjänneet. Se oli Jambianin kylässä Intian valtameren rantahiekalla, rääsyisen maasai-kaupan vieressä. Rakensivat majataloa, valoivat betonilaipiota. Kolme miestä juoksutti betonikärryjä niin vinhaan, että tuokio vaan, laipio oli valmis, betoni pursusi jo yli. Tuota vauhtia ei edes kiky loihtisi Suomessa. Vieressä nainen kuvasi valun kulkua kännykällä, onhan työnjohto oltava. Lienevät olleet maasai-miehiä, ei uuninpankolta. Afrikka nousee.

Mutta ne riekkuvat ressut teiden varsilla. Pintapsykologisointiin emme ala, jätetään psyykot Suomen Akatemialle ja persuille, palo-tutkijoille. Olemme Suomessa nähneet kuinka suo, kuokka ja Jussi vaihtuu laudoiksi eessä ovien kun akatemiat selittävät kaiken väärinpäin. 1800-luvulla Euroopan rojalistit uskottelivat olevansa edistyksen airuita. Maat ja valtiaat rynnivät Afrikkaan, itäiseen Aasiaan, Karibialle. Luonnonantimet ja ihmiset omittiin, varastettiin, tapettiin, laivattiin. Kongon kumi oli kuumaa. Jos päivän keruuannos jäi vajaaksi, iskettiin käsi poikki. Belgian Leopold pystytti itselleen vapauden patsaan Brysseliin, oikeuspalatsi seisoo tänä päivänäkin synkkänä linnakkeena EU-palatsien kupeessa. Silloisen Tanganjikan, nykyisen Tansanian, valtasi Saksa, aseet paukkui. Saksan hävittyä sodan alueen omi Britannia.

Sansibarissa on orjakauppamuseo jonka tasokkuuta ja tiedollista antia en ikinä olisi arvannut. Orjakauppa ja Afrikan kylien tuhoaminen oli pöyristyttävää. Siitä löytyy alkusyy Afrikan alennustilalle myös tänään.

1960-luvun paikkeilla Afrikan paikallisjohtajiston itsetunto oli sen verran elpynyt, että entisille orjaisännille näytettiin lähtölaivaa. Ajan hengen mukaisesti Tansanian Julius Nyerere ihasteli kiinavaikutteista maaseutusosialismia. Itä-Afrikasta katse suuntaa luontevasti merelle, siellä on Intia, Kiina. Käyköhän Afrikkaan rynniville kiinalaisille kuten kävi briteille puoli vuosisataa aiemmin, maitojuna, maitolaiva. Tansanian kollektii-vikylien nimeksi annettiin Ujamaa. Maaseutujen asuk-kaat pakotettiin niihin samalla tavalla kuin Ukrainan ja Viron mailla aiemmin. Kotimajat jäivät shakaaleille ja käärmeille. Nälkähän siinä tuli, ujamaat jähnäsi, maat ja pellot kuihtuivat. Yhä tuttua kuin Suomessa tai Virossa: maa pusikoituu, pajukoituu, raihnaistuu, kovettuu, jär-vien vesi tummuu, kalat kuolevat, tyhjien talojen katot romahtelevat, pääsky tekee pesää, merissä lilluu levä. Ujamaa on suomi ja Suomi on ujamaa.

Kollektiivitalous epäonnistui, myönsi Nyerere ja jäi sivummalle. Saatiin uudet orjaisännät, nyt Maailman-pankki ja IMF. Maalle saneltiin ehtoja samalla tavalla kuin EU sanelee itäjäsenilleen ehtoja tänään. Valtion pi-tää olla tällainen ei tuollainen.

Läntisen pakkovallan kolme vaihetta Tansaniassa ja Afrikassa: 1) orjakauppa ja kyläkulttuurien tuho, 2) raa-ka-aineiden ryöstö, 3) läntisen finanssivallan ehdollista-mispolitiikka.

Vähemmästäkin kuolee kulttuuri ja ihminen, ehtyy väestö, menettää itsetunnon ja kyvyn ryhtyä puuhaan. Suomessa sama on nähty muun muassa jokivarsikult-tuurin täystuhona Kemijoella. Läntinen edistys on tuhon maailma.

Peda.net -sivusto sanoo asian näin: Joka känteessä eurooppalaiset pitivät omaa kulttuuriaan parempana ja pyrkivät eurooppalaistamaan afrikkalaiset. Samalla he heikensivät afrikkalaisten itsetuntoa ja identiteettiä.

Sisal, riisi ja keltariisi

Auton pomppiessa kohti Morogoroa ja Mikumin luonnonpuistoa (ja takaisin) jossain kohtaa näen miltei rannattomien istutusten levittäytyvän. Savanni tai rinne on raivattu, istutettu riveihin pensaita, kasveja, kunpa tunnistaisin mitä ne ovat: maissia, sisalia, banaania, en tiedä. Kuka nämä raiviot on luonut. Mahdotonta yksittäisille ihmisille, kyläläisille. En usko että olisivat Maailmanpankin rahtaamia sijoittajia, siinä olis kylttiä jos minkälaista. Olisivatko nämä ujamaa-perua tai valtion muulla tavoin tekemiä. Tuskin kehitysapua, ei ainakaan Suomesta. Ei myöskään EU:sta koska mainoskyltit puuttuu. Ihmeen hyvässä kunnossa ovat ja uudenoloisia. Mistähän pääkaupunki Darin ruokko tulee? Riisiä ja kanaa tyrkytetään joka paikassa. Kun sitä pari kertaa syöt, kaipaat jo muuta särvintä. Tuodaanko riisi Aasiasta vai onko se omatekoista? Luin tiedejutun geenimuunnellusta keltariisistä joka estää lasten sokeutumisen, vain Greenpeacelle se on mahdoton hyväksyä. Kansanterveys ja ihmisten ilo ei ole Greenpeacen fokuksessa.

Sansibar, saari salmen takana

Saari on kuin Suomen suuriruhtinaskunta kerran. Vuonna 1964 saari julistautui itsenäiseksi, Sansibariksi. Niinhän Tanganjika ja aiemmin Suomikin tekivät (ikkunastani näen rötiskön jonka paikalla Heimola sijaitsi ja jonka Helsinki purki). Tuli pyssymiehet Tansaniasta, salmen yli seilasivat, väkivalloin alistivat kuin Espanja Katalonian tänään. Sansibarin saaren länsirannalla salmen suuntaan on rivi jykeviä tykkejä. On täällä sodittu ennenkin, ketä vastaan kulloinkin. Eihän vaan Euroopan siirtomaavallat toisiaan vastaan? Vai palatsien orjasulttaanit? Tänään lennokit, tykit ja ilmatorjunta paukkaa ylempänä, Lähi-idässä, Irakissa, Syyriassa, Jemenissä. Aiemmin orjien perässä, tänään öljyn perässä. Orjat ja öljy, siinä on ihmiskunnan sivistys. Kauanko aurinkokunnan pitää tuhoaan odottaa.

Sansibarilla on jonkin sortin valtiopäivät kuten Suomella muinoin, parlamentti, päämies mikä lie, vaaliakin pitävät. Kirjassa Pimeydestä loistaa valo kirjailija Petina Gappah kertoo kuinka Omanin sulttaanikunta ja Sansibar veljeilivät muinoin, lie ollut valtioliiton tapainen. Välissä tuhansia kilometrejä merta, ohi Somalian, ohi Jemenin. On siinäkin liitto, lie olla sulttaanien liitto, ehkä vaihtoivat surioita, yön viihdykkeitä.

Ei Sansibar valtiona suuri olisi. Oma saarensa kuitenkin, ei tarvitsisi rajoista tapella. Meri rajaa, meri antaa kalan, meri tuo valon ja ilon ihmisille. Myös pimeä valahtaa hetkessä, ekvaattori on lähellä, naapurimaa Kenian yli kai se piirtyy. Aurinko halkaisee taivon, keskeltä ja ylhäältä, ei vilkoa sivusta kuten pohjantähden mailla. Ihmiset täällä eivät pidä hattua, kummastelen, pigmenttikö näitä afriuksia suojaa. Matkalle lähtiessä ajattelin ostaa hatun paikan päältä, mutta ei täällä sellaisia myydä.

Sansibarin itärannan valkohiesulla lapset rakentavat levälauttaa (kirjan kansikuva) tai uittavat leikkilaivoja laskuveden jättämissä suvannoissa, yötä myöten. Taskulamppupari kiertelee suvantoja, kalojako he etsivät, eipä tarvii mennä kassan kautta eikä maksaa veroa valtiolle. Työllisyysasteelle yksi ja sama, täällä ollaan omassa varassa, vakaalla pohjalla, ei vajota kestävyysvajeisiin. Tässä Tansanian salaisuus onkin, omavaraistalous. Lännen mittamiehet kutsuvat sellaista köyhäksi. Jos mittana on ihmisten iloisuus (täällä meren rannalla), Tansania tai Sansibar olisi maailman ykkönen. Olen menettänyt uskoni läntiseen tieteeseen, näennäismittaajiin, kyynisiin viisaisiin ja median valheisiin.

Lännen puolella saarta pääkaupungin uimarannalla huimapäät ottavat vauhtia hypäten viisimetriseltä kiveykseltä yli rantahietikon yltäen juuri ja juuri aaltoon, elleivät yllä henki menee. Onko tämä Afrikkaa, tämä ilottelu, kansa kirmailee vedessä. Kalastajaveneet lipuvat mereltä, ankkuroituvat kauas rannasta ja miehet uivat loppumatkan. Tämä on sitä ekologiaa jota Suomessakin oli 1950-luvulla mutta jota nykyhetken urbaaniviisat, karit, mäet ja orakset, eivät tiedä tai myönnä. Tansaniassa hiilijalanjälki on kahdeskymmenesosa jalanjäljestä Suomessa. Mitä on edistys? Puheiseen kunnianhimoisista neutraalitavoitteista en usko, se on epätietoa ja sanahelinää.

On maailmassa turhempiakin maita, mukavaltioita. Jos kysytte minulta, niin Sansibarin valtio olisi ihka, nimenäkin valmis. Taloutena tekisi tiukkaa, vähintäänkin uusotetta. Sisämaan tienvarsi täynnä murjuja, tiet pahimmillaan ojankuoppaa. Toki vilahtaa myös kyltti 'Tansanian valtion yliopisto'. Aiemmin Darin länsilaidalla näin kyltin 'Tansanian open university', varmaan yksityinen, läntinen kuten Tallinnassa. Miks nuo seisoo, lapio käteen, tien kuoppia täyttämään, ellei muuten niin Sipoon Sipilä aktivoimaan. Savun, lian ja pölyn mustaamia kaikki majat, kuin manaloita ois. Tällaista oli keskiajalla Saksan ja Lapin mailla, ehkä Savossakin, siellä Pietissä jossa lapsena leikittiin.

Missä on Oman? Sansibar ja Oman olivat siis kerran valtioliitto. On siinä ollu pari, kuin Suomi ja Turkki. Kaukana, Arabian ja Jemenin takana, montako tuhatta kilometriä, välissä pelkkää merta, kuin Suomi ja Islanti. Sulttaanit lie vallanneet, vietelleet, orjakaupan hiipuessa sulttaanilta apua taas pyydeltiin: "mahdotonta on orjia vapauttaa, talous kuihtuu" kajasivat palatseistaan. Meillä Suomessa tätä kutsutaan työvoimapolitiikaksi. Afrikan orjat sidottiin turpeeseen ja kettinkiin. Turpeeseen sidotuiksi kutsuttiin syrjämaan asukkaita Suomessa. Heidät piti vapautettaman, työvoimaksi asetettaman, julistivat talouskasvuekonomistit, taskun tuomaiset. Mauno Koivisto rakennutti lähiöt turpeesta vapautettaville. Herrain suutareiksi Helsinkiin, turpeen puskijat, kiven pyörittäjät, ropsin parkkaajat, ahvenen onkijat. Turve on kaiken pahan alku, todistaa Helsingin yliopiston helsus-tiede tänään, WWF, Greenpeace, ympäristötieteilijät, syket, harkit markut rahuset, syyttävät ja pilkkaavat, meitä koskeloita. Ei heitä pidä uskoa. Kielensä ja luulonsa kullakin.

Olkoot, jätetään Sansibar hetkeksi. Käykämme man-
terella. Palataan, leijonat katseltuamme, savannit astel-
tuamme.

Käyskentelivätkö esi-isät ja esiäidit savannilla?

Joku, ilmeisen viisas, sanoi että tieteestä 90 % on kysy-
myksen mietintää. Tähän mielimme uskoa. Näin voim-
me röyhistää rintaamme mekin vaikka tohtorin hattua
emme päämme peitoksi sovita. Toki Afrikan paahteessa
sellainen lieri olisi kätevä. Palakoon päälaki, kyllä vii-
saus siellä säilyy.

Maastoautoa ajaa nuori paikallinen. Hyvä tuuri, hän
on aito luonnontuntija, etsii ja katselee aidosti, leijonille
hänellä on äänimerkit kännyssä valmiina. Auto möyrää
mutakuopan pohjalle, kallistelee, rapa lentää, kerran se
hulmahti auton sisälle, kasteli penkit. Elämää tämä on.

Tämä alue, tiedoksi, on 3000 neliökilometriä, Mi-
kumi nimeltään. Tansaniasa on suurempiakin luonnon-
puistoja, suurin on Kilimansaron lähellä, Serengeti. Ih-
mettelin miksi KLM:n kone tekee välilaskun Arushan
kentälle, keskelle pimeää, kuka hölmö tänne jäisi. Mutta
kaikkihan sinne jäi, heitä oli satoja, toiset tuli tilalle.

Siis tämä, Mikumi on tasanko jota vuoret, nuo mo-
rogorot ympäröivät joka suunnalta. Tasangon keskellä
on kuulemma joki joka laskee Intian valtamereen mutta
joka kuivuu kuivakautena ja tulvii sadeaikana. Täyttyy-

köhän koko tasanko tulvavedestä. Pakko niin on olla, tai joskus ollut. Hiesun ja mudan täytyy olla peräisin vuorista joista vesi on sen tuonut je levittänyt tasaiseksi pinnaksi. Geologia on hauskaa arvausleikkiä.

Savanni on melko avointa. Eläimetkö pitävät pensaikon kurissa, ne järsivät koko ajan. Kirahvi yltää kymmeneen metriin tai yhtä hyvin painaa päänsä maahan. Kun Suomessa lehmiä, hevosia ja lampaita laidunnettiin pelloilla ja metsissä, maisemat pysyivät avoinna, vaaralta näkyi Koitere. Kun laidunnus ehtyi, pusikot, lepikot, koivikot, kuusikot, itikat ja kyyt valtasivat maan.

Oho, kuinka suuri osa savannin isoista eläimistä syö elääkseen kasveja. Kirahvi, se on selvä. Elefantti saa suuhunsa korren kerrallaan, tuolla menolla nälkä ei lähde, möhömaha. Kysyn oppaalta, mitä järvessä tuhiseva virtahepo syö. Ruohoa, hän vastaa. Näytti lammikon reunan, josta hevot yön tultua kömpivät ruohikolle aterioimaan. Päivän ne röhivät vedessä koska aurinko tuhoaisi niiden ihon. Seepra seurailee impalalaumaa koska impala haistaa veden. Molemmat järsivät kasveja. Leijona, onko ainoa peto, lihansyöjä täällä. Luonnonpuiston portin vieressä opas näytti kahta impalan koipea polvesta alaspäin, muun osan leijona oli syönyt, ties edellisenä yönä. Täällä ei tarvitse haikailla villiinnyttämistä, wildernessiä, sitä eletään. Leijona nauttii täyspihvin ja sitten loikoo kolme päivää. Pienet lihansyöjät, kotka, korppi, sakaali, hyeena, kettu, mikä meni väärin.

Entä ihminen, muinoin, esi-isät tai esiäidit. Asustivatko hän näillä samoilla savanneilla kuten niin helposti väitetään. Söivätkö he kasveja vai lihaa vai molempia. Tällaisella savannilla ihminen ei ole voinut asustella, näin ajattelen. Minne olisi päässyt sadetta suojaan. Miten leijonaa pakoon. Mahdotonta. Onneksi arkeologiset löydöt vahvistavat epäilyäni.

Tuoreet löydöt todistavat, että esi-ihmisiä on majaillut mm. luolassa Lebombo-vuoren rinteellä eteläisessä Afrikassa. Hiiltyneillä jäänteillä on ikää ainakin 170 000 vuotta. Ihmiset ovat kypsentäneet tulella lihaa ja kasviksia. Ne ovat tämän hetken vanhimmat löydöt kasvien kypsentämisestä tulella.

Tansaniassa on myös Olduvain rotko (olduvai tarkoittaa sisalia maasain kielellä). Vajoamasta on löydetty yli 60 hominidin fossiilit. Olduvain rotko tarjoaa tiedon ihmisen evoluutiosta kahden miljoonan vuoden ajalta sekä kivityökalujen käytön historiasta.

Mielikuva savannilla asustelleista esi-ihmisistä tuntuu oudolta. Varmaan he ovat savannilla metsästäneet, ehkä jousilla tai ansoilla. Villisioista ja impaloista on saanut hyvän paistin. Tuskin kukaan oli heille julistamassa Lihan loppua kuten tänään tehdään Helsingin Kalliossa. Ilman takiako pitäisi ilman olla, olisi esi-isä ihmetellyt. Syödään paisti ja otetaan torkut. Luita luolista löytyykin kasapäin.

Jos olisin esi-isä, hakeutuisin seudulle jossa on sateensuojaa, petosuojaa, luolaa, vuorenrinnettä, rotkoa tai vastaavaa.

Lähteitä

Olduvain arkeologinen alue:
https://fi.wikipedia.org/wiki/Olduvain_rotko.

Kuvasto Sansibarin orjakauppamuseosta selityksineen:
www.essee.net

Kivikauden ihmiset paahtoivat kasviksia. HS 6.1.2020.

Ole kiveä, olet keveä, Afrikka kelluu

Afrikan, Arabian, Aasian, ehkä Euroopankin manner-
laatat hankaavat toisiaan. Syntyy vuorta (Alpit), kuop-
paa, järveä ja merta. Itäisessä Afrikassa on hautavajoama,
pituudeksi mainitaan 6000 kilometriä. Liekö totta että
Punaisen meren pohjoispohjukassa maankuori jää niin
ohueksi että vesi lämpiää 50-asteiseksi. Maapallo ei kivi-
kuorineen ole pysähtynyt möykky vaan kuumana kuhise-
va ja kupliva vaha.

Vajoama halkoo Afrikan itäreunan erilleen, ei kuiten-
kaan Niiliä pitkin. Välimerelle vajoama ei ulotu paitsi
Punaisen meren kautta (joka on geologisesti eri ajalta).
Vajoama pyörtää Somalian, halkaisee Etiopian, maan
jonka sanotaan olevan yksi maailman vanhimmista val-
tioista ja ihmiskunnan kulttuurien synnyinsijoista. Kolme
pitkää järveä vajoama on jo Afrikkaan synnyttänyt, lisäk-
si jyrkkiä rotkoja. Vesi jää niihin vangiksi. Jossain on
suolajärvi kun vuoresta liukenee suolaa, flamingot siitä
kiittää. Flamingojärviä on myös Chilen Atacamassa, vio-
lettien vuorten ympäröiminä, kerran siellä retkeiltiin. Ky-
mmeniä tai satoja miljoonia vuosia eteenpäin ja Afrikka
on haljennut kahtia, sarvi lähtenyt omille teilleen. Mihin
karkulainen päätyy, kohtaako Intian. Siinä litistyy Sansi-

bar, muistoks jää. Veikeää on, kiven kellunta. Ihmistaistot, kuin tähden tuike.

Livinsgstone oli tyhmä, tyhmä siksi että oli kuningatarmielinen. Antoi järvelle nimeksi Viktoria, samoin jollekin vesisyöksylle. Mitä järkee. Ois menny ite koskeen, kävi muuten lähellä, satametrisen putouksen törmällä. Loppuvuonna 2019 tuo putous (Viktoria) oli kuiva, liekö ensi kertaa historiassa. Oli miten oli, Afrikka ei viktoria kaipaa. Britit täällä väestön masensivat, polttivat kylät, vangitsivat ihmiset, tappoivat seisomalta, loput vietiin orjiksi, hartioilla kannatuttivat raskaan puupölkyn kuten jeesuksella Golgatalla, rautakahleet niskassa, Sansibarin orjamarkkinoille, meren taakse kauppasivat, panivat rahoiksi, pykäsivät palatsit. Nimetä nyt järvet ja joet Viktorian mukaan - pyhäinhäväistys. Kerran kävin Liverpoolissa, siellä oli brittien tiedepäivät. Sattumoisin kävelin satamaan, voi mahtavuutta, laiturien pituutta, varaston laitaa. Osa siitä mahtavuudesta on peräisin itäisestä Afrikasta, orjakaupasta, mausteiden omimisesta. Afrikan läntiseltä reunalta orjat vietiin Karibialle, puuvilla- ja sokeripelloille. Laivoilla puuvilla tuotiin Liverpooliin ja Manchesteriin. Myös Tampereen Finlaysonin puuvilla on sieltä peräisin. Tampereen synty pohjaa orjakauppaan ja orjatyöhön - miksi tästä ei puhuta, leuhkitaan Kannella ja jääkiekolla, ratikalla ja Marinilla, Bomberilla. Britannian, Manchesterin, Liverpoolin, Tampereen mahti syntyi Afrikan orjien verestä. Siinä Suomen tarina, veren varassa. Vuonna 1918 Mannerheim suuntasi tykit kohti Raatihuonetta, finlaysonin puuvillatyttöihin, uhkasi kuolemalla. Taas valui veri.

Vajoamastahan minun oli aikomus puhua. Mieli karkailee.

Maanpinta siis kelluu. Kelluu kuuman liemen päällä. Ole kiveä, olet keveä, liemeen nähden. Mannerpalat heijaavat, suuntaan tai toiseen, yksi itään, toinen Pohjaan, kolmas pohjaan. Jos Pohjaan suuntaa, tukkiiko se Välimeren, nostaa Alpit, korkeus vasta puolet Himalajasta, käyvätkö nuo kisaan. Jos Välimeri umpeutuu, niin hei, silloinhan ei pakolaiset, siirtolaiset Saharan takaa tarvitse lautturia, loppuu hukkumiset. Ei ehdi tämä Eurooppaa pelastamaan, piikkilankaa jatkettava. Pitääkö Eurooppa 'pelastaa'? Jos Afrikassa vuonna 2100 asujia 4 - 5 miljardia ja Euroopassa 600 miljoonaa, kumpi kysyy kenen on maa, ha haa.

Heijaa maaperä Suomessakin. Pohjanlahti jää lopulta järveksi. Pinnalta nähden syy ei ole aivan sama kuin Afrikassa. Ilmaston kylmeneminen kasvatti jäätä kolmisen kilometriä, jää painoi kivikehän. Maa on kimmonnut takaisin 800 metriä, sanovat tieteilijät. Vielä on nousua jäljellä 40 metriä.

Dipoli Intian valtamerellä, El Nino Tyynellämerellä

Intian valtameren Dipoli-ilmiö on sukua Tyynenmeren El Ninolle. Ilmiö on toistuva. Meren länsiosassa vesi lämpiää ja tuottaa sateita Afrikan itäosiin. Australia jää ilman sateita, osin siksi siellä palaa. Tulvivien jokien mukana mm. Somalian jokisuistojen hedelmällinen maa huuhtoutuu pois. Vasta rakennetut tiet ja rakennukset tuhoutuvat tulvissa. Somalian valtion budjetti on 400 miljoonaa euroa, alle prosentin Suomen valtion budjetista.

Pitäisi päästä askel syvemmälle. Mikä aiheuttaa lämpötilaerot merten eri osissa. Tämän selittämiseksi tarvitaan ilmastotiedettä ja muitakin tieteitä. El Nino ja Dipoli ovat toistuvia mutta tänä vuonna Intian valtameren Dipoli on voimakkain vuosikymmeniin.

Onko luonnolla alkuperä, mikä on luonnonmukaista

Intian valtameren äärelle saavuttiin illansuussa. Kaikki puisteli päätään. Hotelliinhan meidän piti tulla. Tämmönen bambumaja, hiekka hiertää jaloissa, ei pöytää, tuskin tiskiä. Ja tuo meri, olin haaveillut uimisesta aaltojen keinussa. Likainen kuin mikä, matalaa mönjää, haiseekin.

Seuraavana päivänä huomasin katselevani merta yhä pitempään. Sehän oli oikea meri. Sukkulaisia veneitä seisoi matalikolla. Lapset rakensivat levämajoja, isommat pelasivat jalkapalloa hiesulla.

Seuraavana aamuna meri oli kuin suomalainen räntäsade. Nyt aloin ymmärtää, ja ihastella. Meri on liikettä, kiertoa. Meri on kuin fysiikan hiukkanen, yhtä aikaa tässä ja tuossa, vuoronperään tällainen tai tuollainen, aalto ja hiukkanen, tänään yhtä huomenna toista. Merta keinuttaa kuu. Avaruus ei ole suora, se kiertyy kaartuu massan myötä. Vesi valuu, ylöspäin vai alaspäin. Luonnolla ei ole suuntaa, ei mittaa. Iltapäivällä kylän lapset ja turistit polskivat vedessä. Olisin mennyt minäkin mutta juuri silloin Afrikka tuli sisälleni, päätä särki, maha ei ollut se oikea, ei luontoni mukainen.

'Luonnontilaiset metsät' ovat kadonneet, 'oikea metsä' täytyy säästää, vaatii suojelijat Suomessa. Mikä on oikea, mikä on luonnontila, mikä on alkuperä. Alkuperää ei ole olemassa, tuskin edes bigbang on sellainen. Meri likaisena makaa tai yhtä hyvin auringossa välkehtii. Molemmat ovat yhtä oikeita, yhtä alkuperäisiä. Ihmiset, lapset tuolla laskuveden suvannossa, eivätkö he ole luontoa. Millä oikeudella te suljette ihmisen pois luonnosta. Jos minä harrastan metsän muotoilua, metsän estetiikkaa, teen siitä oman luontoni mukaisen, teen siitä luonnonmukaisen. En suojele alkuperäistä koska sellaista ei ole.

Pysäytetystä luonnontilasta, alkuperästä, muka oikeasta, luonnon tasapainosta puhuminen on epä-älyllistä. Siihen syyllistyvät tosentit ja suojelijat. Maailma on liikettä. Onko liikkeellä pysähdystilaa. Liikkeen ja pysähdyksen suhdetta pohtivat matemaattisesti antiikin filosofit elealaisissa paradokseissaan.

Väestökonferenssi - huomasiko kukaan

Loppuvuonna 2019 Kenian Nairobissa oli YK:n väestökonferenssi. Sillä juhlistettiin Kairon väestökonferenssia 25 vuotta sitten, vuonna 1993. Juhlistamiseksi taisi jäädäkin. Mahtoiko Suomen media mainita saati että olisi virinnyt tieteellinen keskustelu ja tutkimusta. Ei, tänään pitää puhua ilmastosta. Yliopistoväki transformoi sukupuoliaan. Sitra jauhaa mega- ja metatrendejä. Tutkijoiden aika menee rasisteista jankkaamiseen. Afrikan tienvarsien nokimajoille ja kyyhöttäjille nuo puheet tai konferenssit ei yllä. Yhtä vähäpätöisiä ovat tienvarsien ihmiset kuin Hiljainen kansa Suomussalmella, turvepellon laidalla.

Nairobin juhlakonferenssiin lensi ministeri Suomesta, lahtelainen, oliko nimi Skinnari. Tanskan prinsessa piti avauspuheen, herttaista oli. Prinsessan mukaan maailman väestöongelma pelkistyy naiskysymykseksi. Tottakai se on sitä, mutta ei vain sitä.

Kilpailevat mallit

Tansanian väestön vuosikasvu on 3 prosentin tuntumassa. Tansanian köyhyys ja alakulo liittyy paljolti väestönkasvuun. Lapsia kuolee samaa tahtia kuin leijonilta pentuja, äsken oli 12 pentua, nyt kolme, ilman ruokaa pentu kestää ehkä päivän. Ihmisruuan keittämiseen käytetään puuta, maasto ei pääse metsittymään.

Mistä käsin Afrikan tilannetta pitäisi lähestyä. Kiinan malli on varottava. Kuusikaistojaan rakentavat, oma etu tähtäimessä. Autojen ja kännyköiden akkuihin tarvitaan metalleja joita löytyy Kongosta kuin kumia Leopoldin aikaan. Tämä ei ole ratkaisu tienvarsi-ihmisten ongelmiin.

Suomen valtio, ulkoministeriö ihastelee telealaa. Koulut ja sellaiset ovat ministeriön mukaan vanhaa tylsää.

Komissaari Urpilaisen pitäisi kehittää Afrikka-malli EU:lle. Pääkomissaari Leyen puhuu jätti-investointien tarpeesta ilmaston takia. Green Deal on EU:n uusi kasvuohjelma, hän sanoo Kasvuohjelma? Kuka ja mikä kasvaa? Eroaako tuo Kiinan mallista? Tuskin. Se on läntisen liikemaailman ja pankkien malli, jota vihreät naivisti ylistävät.

Suomen 'rakennemuutos', jossa ihmiset ajettiin ja pakattiin lähiöihin, ei ole sekään ratkaisu Afrikan syrjäytyneelle väestölle. Pakkopaketointi ajaisi ihmisvirtoja kohti Eurooppaa.

Pitää tulla lähelle kansaa, lähelle ihmistä, tavalla tai toisella. Kovien rakenteiden sijaan on ymmärrettävä afrikkalaisten perinnekulttuurien sisältöjä.

Lähteitä ja lukemistoa

Afrikan megatrendit. Ulkoministeriö.

Suomen kehitysyhteistyö Tansaniassa. Ulkoministeriö.

Miten Afrikan käy vuosituhattavoitteiden jälkeen. Yle 4.5.2016.

Ursula von Leyen: Ilmastonmuutos vaatii EU:lta nopeita toimia. HS 11.12.2019.

EU:n siirtolaispolitiikka Saharassa. Yle 11.1.2020.

Dipoli-ilmiö, Afrikan tulvat, Australian palot. HS 29.11.2029.

El Nino Tyynellämerellä. Ilta-sanomat 1.1.2016.

Kivikauden ihmiset paahtoivat kasviksia. HS 6.1.2020.

EU elvyttää orjatalouden?

Aletaanko Euroopassa huutokaupata afrikkalaisia? Käytön jälkeen heidät lähetetään takaisin. Huutolais- tai orjamarkkinoiksi sellaista aiemmin kutsuttiin. Afrikassa orjamarkkinoiden aikaa kesti 300 vuotta. Orjaisännät tulivat Euroopasta, Portugalista, Britanniasta, Espanjasta, Italiasta.

Uudenlaista orjakauppaa kehittelee Münchenin yliopiston taloustieteen professori Panu Poutvaara. Hän tarjoaa EU:lle mallia joka takaisi Euroopalle halpatyövoiman. Poutvaaran mallia ja aiempien aikojen orjamarkkinoita on tieteellisesti vertailtava. Tässä lähtökohtia.

Ekonomisti Poutvaaran mallissa Afrikasta Eurooppaan pyrkijöille otetaan käyttöön maksulliset työluvat. Työlupaan ei kuulu sosiaaliturvaa eikä eläkettä. Lupa on tilapäinen. Luvan umpeuduttua on palattava Afrikkaan. Ellei palaa niin valtio palauttaa. Työluvan kesto voisi olla esim. 5 vuotta ja hinta 5000 euroa, sen Afrikasta tulija maksaa. Sesonkityöläisille (tomaatinpoimijat, tiskaajat) hinnaksi voisi riittää satanen. Lupaan liittyisi vakuustalletus jonka saa takaisin vain poistumalla Euroopasta. Maat voivat laittaa tietyn määrän lupia tarjolle, työstä kiinnostuneet afrikkalaiset huutavat tarjouksia.

Poutvaaran mallia voi luonnehtia elämisen oikeudella kiristämiseksi. Poutvaaran malli ja aiempien aikojen orjamarkkinat voivat muistuttaa yllättävän paljon toisiaan.

Afrikan orjamarkkinoista 1800-luvulla saamme tarkan kuvan Tansanian Sansibarissa sijaitsevasta orjakauppamuseosta:

Afrikan sisäosien kyliin hyökättiin aseita käyttäen, ihmisistä osa ammuttiin, loput vangittiin. Vangitut sidottiin rautaketjuilla puutukkeihin. Tukkeihin sidottuina heidät kävelytettiin Sansibarin orjamarkkinoille. Heikot ja sairaat jätettiin elävinä tien varteen eläinten ruuaksi. Sansibarissa oli pimeä betonisäilö, pinta-ala 15-20 neliötä, korkeus ehkä metrin, siihen ahdettiin 75 naista ja lasta, WCnä toimi lattian keskellä kouru jota pitkin ulosteet valuivat mikäli valuivat. Valo ja ilma tuli betoniseinän pienistä rei'istä. Miehet tungettiin samankokoiseen tilaan, sidottiin rautakahleisiin käsistä, jaloista ja kaulasta, osa kuoli hapenpuutteeseen. Aukiolla oli puu, jota vasten orjia ruoskittiin. Puun juurella orjat ostettiin ja myytiin. Kauppiaat rikastuivat mikä näkyy tänäkin päivänä Sansibarin palatseissa. Orjat vietiin Arabiaan, Intiaan, Brasiliaan ja Eurooppaan. Orjat olivat isäntänsä omaisuutta. Joku saattoi yletä suriaksi, jalkavaimoksi. Tätä jatkui vuosisatoja. 1800-luvun lopulla kritiikki heräsi ja orjuutta alettiin purkaa vaikkakin orjaisäntien mukaan talous ei sellaista kestäisi, nykykielellä työllisyysaste, bkt ja elintaso laskisi. Lapsina orjiksi joutuneet eivät tienneet missä heidän kotikylänsä oli ollut, ei ollut paikkaa minne mennä, heitä kasautui (nyky)kaupunkien slummeiksi, tänään sitä kutsutaan urbanisaatioksi.

Mitä on tieteen ja tiedon viattomuus? Entä tietoon perustuva politiikka?

Antti Rinteen ja Sanna Marinin hallitukset, Suomalainen Tiedeakatemia ynnä muut vaativat tietoon perustuvaa politiikkaa. Panu Poutvaara on Münchenin yliopiston taloustieteen professori eli hänen jos kenen voi(si) uskoa nojaavan tietoon ja tieteeseen.

On vaarallista uskoa kritiikittömästi mihin tahansa tietoon ja tieteeseen politiikan perustana. On kysyttävä tiedon ja tieteen sisältöä ja sisällön mieltä. Sitä ei tule kysyä vain vertaisilta (tiedeyhteisö) tai medialta vaan ihmisiltä ylipäänsä, julkisesta keskustelusta jossa ei-tieteilijöitä ei ylenkatsota.

Lähteitä

Suomalainen taloustieteen professori keksi keinon ehkäistä hukkumiskuolemia Välimerellä. Panu Poutvaaran haastattelu. HS 2.1.2020.

Orjakauppamuseo Tansanian Sansibarissa.

Euroopan vaihtoehdot - mikä puuttuu

Kirjassaan Eurokriisin anatomia Heikki Patomäki nimeää Euroopalle ja maailmalle kolme vaihtoehtoa: 1) uusliberaalin politiikan jatkaminen, 2) sosialidemokraattinen politiikka, 3) globaali keynesiläisyys.

Uusliberaali Eurooppa on ollut ja on seikkailupolitiikkaa: sijoittajien ja finanssien valta, seurauksena kuplat, kriisit, taantumat, lamat, pidäkkeiden puute, moraalikato. Yhteiskunnat hajoavat sosiaalisesti, poliittisia kriisejä, sodanuhkia, sotia.

Entä sosialidemokraattinen Eurooppa? EKP:n katteetonta rahan luontia ja omavaltaista jakoa pankeille ja sitä kautta sijoittajille. Talouden valtiollista elvyttämistä ja velkaantumista. Euron devalvoitumista, vähävaraisten elämä vaikeutuu. Brasilia on syytellyt Eurooppaa valuuttasodasta kehittyviä maita vastaan. Sosialidemokraattinen Eurooppa on eturyhmien, korporaatioiden vallankäyttöä ohi poliittisen tai kansalaislähtöisen demokratian.

Keynesiläisyys, kansallinen tai globaali on kysynnän tekokasvua. Eikö keinokasvua pitänyt rajoittaa luonnon ehtymisen ja ilmaston takia. Onko tavaroiden rahtaus merien ja mantereiden yli järkevää maapallopolitiikkaa.

Patomäen vaihtoehdoista puuttuu sosiaalis-humanistinen, sivistyksellinen, kansalaislähtöinen, demokraattinen Eurooppa ja ihmiskunta.

Vuonna 2020 Euroopan suurin uhka nousee EU:n sisältä, uuden komission piiristä. Green Dealillä on hieno nimi, sitäkin uhkaavampi sisältö. Komissio lähtee raha edellä, sanoo HS (23.1.2020) ja jatkaa:

"Mikäpä olisi kätevämpää kuin se, että EKP (keskuspankki), EIB (investointipankki) ja komissio pelaisivat yhteen Green Dealissä. Keskuspankin ase on raha."

Juuri oikea sana: ase. von der Leyenin (ja Urpilaisen) komission myötä EU:n politiikka kivettyy suurinstituutiokeskeiseksi, liike-elämälähtöiseksi, tyhjän päälle rakentuvaksi. EKP:n raha on paperia ja käyttäjilleen velkaa, huijausta. Tämän politiikan myötä Green Deal ja lopulta itse EU nousee savijaloille. Kiinaa ja Venäjää on pidetty keskusjohtoisuuden kiteyminä. Nyt EU menee ohi. Tätä perustellaan ilmastotoimilla. Jos ilmastopolitiikka on tätä, ylhäältä keskitetysti johdettua, yläluokkaista, pakkokeinoihin ja lopulta väkivaltaan vivahtavaa, niin kadotkoon, hajotkoon koko EU. Britannia näyttää tietä.

Kuka muistaa ajan jolloin EU propagoi itseään Kansalaisten Euroopaksi. Rajansa kaikella, myös uskomisella.

Vapauden meri - Käsmyn lahti

Elämä Narvassa on tylsää, tosi tylsää, kenties muutamme Englantiin. Noin sanoi nuori narvalaistyttö.

Parisenkymmentä toimittajaa - aina ne ovat liikkeessä, mitähän toimittavat - kiersi koillista Viroa, kuuli Viron historiasta, saksalaisesta kartanoherruudesta, maaväen orjuudesta, katseli Viron nykypäivää, luontoa, Lahemaata, kalkkikiveä, palavaa kiveä, tuulivoimaa, Narvajoen kuivaa uomaa.

Opas kertoi tarinoita sisäpiireistä:

"Kun Viro itsenäistyi, Lennart Meri sattui olemaan Helsingissä. Meri vaati käyttöönsä avoauton. Viron lippua ei löydetty, mutta konsulin nurkasta löytyi viiri, se teipattiin auton nokkaan, ajettiin liehuen ympäri Helsinkiä, Meri vilkutteli. Puhelinlasku siltä päivältä oli 46 000 markkaa, pitihän maailman presidenttikollegoille soitella."

Rahvaan elämän tylsyys (siellä Narvassa) ja eliitin rehvakkuus. Siinäkö nykyinen Viro ja Viron historia. Eikö se ole myös Euroopan, Suomen ja maailman kuva.

Kulle Raig (oppaamme) julkaisee muistelmakirjan. Kertomiaan tarinoita kuunnellessa mietin, kuinka Viron kansa on alistettu yhä uudelleen, kartanoiden maaorjiksi, Venäjän ja Saksan armeijoille, Stalinin pakkosiirroille, vankilaan Tartossa, pakkokolhooseille, Lasnamäen tylsyydelle. Piikkilangat meren sannoilla, Narvan venäläistys, Kunda hautautuu kalkkipölyyn, öljyinen ja fosforinen pohjavesi.

Näinä aikoina Viroa on mainittu maailman uusliberaaleimmaksi maaksi. Paronit ovat palanneet. Rahvaan elämä on tylsää.

Narvan nuoret - jos olisin sinä, muuttaisin minäkin pois. Kaupunki on alakuloinen. Neuvostoliitto pommitti kaupungin raunioiksi. Sodan jälkeen entisiä asukkaita ei päästetty takaisin, vaan uusi väestö haalittiin ympäri Neuvostoliittoa. Virolaisperäisiä asukkaista on nyt vain 3 %. Huonosti muurattua kerrostaloa koko kaupunki.

Viron väestö ajettiin mureneviin kerrostaloihin. Tallinnan kadulla ei paikkaa mihin istahtaa. Lasnamäen ruosteisella parvekkeella yksinäinen tuijottaa valtatien autovirtaa. EU rahoittaa moottoritietä Tallinnasta Narvaan ja Pietariin. Sorakenttä valtatien varressa, kyltissä lukee Skanska. Rekkojen kuormissa menevät kaatopaikoille muinaismuistot. Oikeassa olit, Narvan tyttö, maailma on tylsä. Mihin pakenemme? Viro - ylimysten ja patriarkaattien maa. Ilveksen ilme, rusetti ja solmuke, pysy etäällä.

Narvalla oli - ennen sotaa ja sodan jälkeen - kolme kivijalkaa: Grönholmin tekstiilitehdas, konepaja (myöhemmin Hiab) sekä palava kivi. Grönholmista on seinäkuoret jäljellä, konepajaa ei ole. Intia ja Pakistan tekevät tekstiilit ja koneet halvemmalla.

Narvan tukijaloista jäljellä on palava kivi. Piipuista tupruaa taivaalle hiili, yltää Suomeenkin, jätekasat paisuvat. Onko kiven poltto auringonlaskua kuten paperitehtaat Suomessa?

Ilkkuen kohoavat tuulimyllyt harmaiden talonyhjösten, pajukoituvien peltojen ja pihapiirien, katajaisten tannerten sekä luhistuvien kolhoosijätösten ylle. Ehdin laskea kolmisenkymmentä viuhujaa Narvan länsipuolella, tosin harva oikeasti viuhui, jököttivät. Erotin kyltin WinWind ja 3 MW. Myllyt on rakennettu meritöyrään takaiselle pellolle, miksi.

Millä mahdilla Saksasta tai Tanskasta tulleet siirtolaiset onnistuivat alistamaan virolaiset kartanoidensa orjavoimaksi? Eihän kartanoita alun perin edes ollut. Suomessa sentään käytiin nuijasota ja torpparisota. Ei meille mitä tahansa tehdä. Vai tehdäänkö? Tuskin meitä siirtolaiset alistavat, mutta nämä omat ilvekset? Itse asiassa siirtolaisia hekin alunperin ovat.

Viro on ollut lastu suurpolitiikan laineilla. Välillä saivat osansa paronitkin. Ribbentrop-sopimus ajoi Viron paronit takaisin Saksaan, tuskin jäivät eloon. Kartanot ja salarakkaat jäivät Viroon, montako itkua itkettiin. Tänään noita kartanoita ostelee rikkain suomalaismies Virossa.

Sodassa Viro oli kahden tulen välissä, aina väärällä puolella. Sillamäen taistelussa kuoli 50 000 neuvostoarmeijan sotilasta. Sodan jälkeen Virosta tuli lähestulkoon orjatyöleiri. Stalin rakennutti vangeilla Sillamäen suljetun uraanirikastamon. Rikastamon pääväylä on loistokas tänäkin päivänä, toisin kuin kolhoosien harmaus, Narvan katujen valkotiiliset kyhätykset tai Lasnamäen kolossit.

Peruttu rock-konsertti

Mikä laukaisi Viron itsenäistymisen vuoden 1990 paik-keilla? Näin kertoo oppaamme, Lennart Meren sihteerinä toiminut: nuorille oli luvattu rock-konsertti, heitä saapui aivan liikaa, konsertti peruttiin. Siitä repesi suuttumus. Koululaiset marssivat halki Tallinnan. Silloin muukin kansa tajusi: vallanpitäjien ote on murtunut, pelko ei enää lannista. Jossain laadittiin ns. neljänkymmenen kirje, sitä jaettiin takseissa ja kaikkialla. Kirjoittajia ei enää rohjettu sulkea vankilaan tai lähettää Siperiaan, tosin työpaikkoja meni.

Suomen johtajisto kiemurteli. Ulkoministeri Väyry-sellä ei ollut aikaa tavata itsenäistyneen naapurin johtoa. Presidentti Koivisto kierteli ja kaarteli. Pääministeri Hol-keri ei tuntenut Viron kumouksen taustoja tai ilmapiiriä, laverteli niitä näitä.

2010-luvun lopulla samantapainen kuvio toistuu Ka-talonian kohdalla. Pari Helsingin yliopiston professoria ja dekaania tuomitsee kiivaasti Katalonian itsenäisty-mispyrkimyksen. Miksi? Onko professorien kiivailu tie-delähtöistä, tietoon perustuvaa politiikkaa?

Viinan polttoa armeijalle - kestävää kehitystä?

Eivät Viron kartanot pelkkää orjuutta olleet. Monet olivat teknisiä ja biologisia uudistajia, hankittiin sähköt, leikkurit, meijerit ja muut. Orjatyön ohella kartanoiden vauraus perustui viinan polttoon Venäjän armeijalle, polttimoita on pihapiireissä yhä tänään. Tämähän on tuttua Suomestakin: Aulanko rakennettiin aseiden myynnistä Venäjän armeijalle saaduilla varoilla.

Tsaarin Venäjä - militarismin maa (Mannerheim)
Neuvostoliitto - militarismin maa
Venäjä - militarismin maa

Palmsen kartanon tuhansien hehtaarien metsät ruudutettiin 400 x 900 metrin lohkoiksi. Ruututeistä osa on ajokelpoisia tänäänkin, maantien varresta niitä suikahtelee. Alustalaiset käskettiin ajamaan kauriit tieaukkoon, ammutun saaliin myötä lämpeni paronin vaimokin. Palmsen kartanossa on palmuhuone sekä perinnäislajeja ylläpitävä puutarha. Toisessa kartanossa oli metsätarha, johon oli tuotu puulajeja eri puolilta maapalloa.

Tänään Viron maaseudulla näet viljelemättömiä ketoja, pusikkoa, luhistuvia kolhoosijätöksiä, vajoavia talonyhjöksiä, omistajat ovat kuolleet työleireillä tai itkeneet ja nuutuneet kolhoosien nurkkiin.

Lahemaan kansallispuistolla on alaa yli 40 000 ha. Metsistä huokuu biologinen kasvuvoima. Niihin ei kosketa, sen sijaan poltetaan palavaa kiveä. Ovatko totaalisuojelu ja fossiilien poltto synergiassa keskenään? Voisiko Lahemaa olla yhtä aikaa luontonähtävyys ja bioenergiaa? Cityjen viherpeipot ajavat totaalisuojelullaan ihmiset Lasnamäen ruosteisille parvekkeille.

Purjelaivoista vartiotorneihin

Opettava kokemus löytyy Käsmyn lahdelta. 1800-luvulla siellä rakennettiin purjelaivoja. Virolaislaivat purjehtivat ympäri maapallon. Merikapteeneja Käsmyssä oli kymmenittäin, oli oma merikoulukin. Talveksi purjelaivoja rantautui satamäärin Käsmyn lahdelle.

Entä sodan jälkeen? Ei lupaa lähestyä meren rantaa, piikkilangat, vartiotornit, luodit, ei purjelaivoja, ei edes kumivenettä. Horisontissa siinsi Suomi.

2000-luvulla Käsmyn kylässä laskettiin vesille viikinkivene. Se oli suuri kansanjuhla, meren vapauden koettiin palanneen.

Maailman käyttövoima nousee ihmisistä, intomielestä, keksinnästä ja kokeilusta. Kantavatko myöskään EU:n kollektiivikäskyt. Tänään käskyille on annettu petollinen nimi: systeeminen muutos. Ehkä Viron systeemisistä muutoksista kautta historian saa varoittavan sanan.

Livahdin Palmsen pihateatterin yleisön joukkoon, ei lupaa, ei lippua. En ymmärtänyt puhetta, mutta näyttämön Elisabet, sinua minä ymmärsin, suloinen narvan tyttö. Etsit itseäsi, poukkoilit sulhasehdokkaiden välillä, huusit ja itkit, nauroit ja epäröit. Lopulta löysit tien joka avasi maailmaa.

Viro, niin sinäkin harhailet, vääntelet ja tukahdut tylsyyteen, lopulta löydät Käsmyn lahden, vapauden meren.

4. MAAILMASTA YLIJÄÄNEET

Hiljainen mies torilla

Juna hiljaista miestä kuljettaa. Ja matkan pää on siirtotyömaa. Noin laulettiin 1960-luvulla. Sanat oli kirjoittanut Aulikki Oksanen.

Hiljainen mies istuu Helsingin Rautatientorilla, turvapaikanhakijoiden teltan edustalla. Kukaan ei häntä huomaa, kukaan ei hänelle puhu. Mies istuu yksin. Hän katsoo eteensä maahan. Otan hänestä kuvan, sivusta ettei voida tunnistaa.

Kuka onkaan se mies?
Mikä on se maa?

Koen olevani tuo mies teltan edustalla. 1960-luvun siirtotyöläinen olin minä, tai isäni, tai veljeni. Torilla istuva mies, ulkonäön perusteella arvelen häntä irakilaiseksi. Maahan katsova, hiljaa istuva ja me, me olemme yksi. Me olemme sama.

Oi, armas Suomi, mitä hälle se antaa
Hän parakin luona patjaa kantaa
Ei paljoa puhu
Vaan takanansa on monta muuta
Kokonainen kansa

Kehitysalueelta tulin minä, kehitysmaasta tulee hän. Mitä on kehitys? Kuka sellaisen määrittelee, ylentää itsensä? Kenellä on oikeus määritellä itsensä muita kehittyneemmäksi, paremmaksi?

Kehitysmaa ja kehitysalue, yksi ja sama. Olemme yhtä. Tuo mies ja minä.

Niin viskovat ne työmiestä riskiä
Kuin pikkuista, kurjaa piskiä

Miksi tulin tälle teltalle, Helsingin rautatientorin reunalle. Ensi kertaa uskaltauduin. Tähän saakka olen kulkenut ohi, vilkuillut sivummalta. Tulin suoraan kokouksesta jossa sanottiin: tämä teltta olisi jo poltettu, ellei sisällä olisi serkku. Siksi tänne nyt tulinkin.

Aulikki Oksasen laulelman sanat kokonaisuudessaan:

Juna hiljaista miestä kuljettaa
Mitä miettii se mies
Mihin matkustaa
On ruskea salkku ja takki
Kumisaappaat ja lippalakki
Juna hiljaista miestä kuljettaa
Kuka onkaan se mies
Mikä on se maa
Se, missä saa katsella yötöntä yötä
Vaan aikuinen mies on vailla työtä
Ja siihen se loppuu se vapaus
Vai onko hän poikkeustapaus
Ja pilvet ne kauaksi kiikkuvat
Joet vierivät, lepikot liikkuvat
Jää velkainen talo

Ja nälkäiset mahat
Saa lapion myydä
Kun loppuu rahat
Niin viskovat ne työmiestä riskiä
Kuin pikkuista, kurjaa piskiä
Juna hiljaista miestä kuljettaa
Ja matkan pää on siirtotyömaa
Oi, armas Suomi, mitä hälle se antaa
Hän parakin luona patjaa kantaa
Ei paljoa puhu
Vaan takanansa on monta muuta
Kokonainen kansa

Tuon laulun syntyaikoina tai pian sen jälkeen saavuin Tampereelle, juna tuli Jyväskylästä, pikavuoro Iisalmesta läpi sydänsavon. Juna kuljetti hiljaista miestä. Mies raahasi metrinkorkuista pahvilaatikkoa, ihme ettei se hajonnut. Laatikossa oli patja ja tyyny. Hiljainen mies tuli outoon kaupunkiin, ensi kertaa, mihin suuntaan pitäisi lähteä. Hän oli tulossa yliopistoon. Yliopistoon johon hän pääsi hakematta mutta johon hän ei lopulta tuntenut kuuluvansa. Tämä maa mitä hälle se antaa.

Syyllistetyt

Kuinka yleistä syyllistäminen onkaan!

Suuret ikäluokat Suomessa
Vanhukset tulevat liian kalliiksi
Ikääntyneet estävät talouskasvun
Heikompi aines estettävä lisääntymästä
Sosiaaliturvan väärinkäyttäjät
Saattohoitokunnat, kermanlatkijakunnat
Maahanmuuttajat, kerjäläiset
Noidat 1600-luvulla
Voittajat ja häviäjät
Kulakit ja elinkelvottomat kylät Neuvostoliitossa
Juutalaiset 1930-luvun Saksassa
Kastittomat syntipukit Intiassa
Lakkoilevat sairaanhoitajat 2007
Impivaara - ihmiset
Populistit

Arundhati Roy kuvaa syntipukkeihin suhtautumista Intiassa:

Syntipukin vainoaminen ei välttämättä ole tietoista toimintaa, vaan osallistujat toimivat kollektiivisen harhan vallassa. Syntipukin kuoliaaksi hakkaavat poliisit kokevat toimivansa harkitun vallankäytön nimissä, ovat valtion palvelijoita, edustavat yhteiskunnan vakautta. He ovat hyväntekijöitä, suojelevat yhteisöä eliminoimalla yksilön, joka ei loksahda yhteisön määrittelemiin kategorioihin vaan uhkaa niiden olemassaoloa. Poliisien väkivalta pitää yllä jakoa kastittomiin ja puhtaisiin. Poliisit rokottavat yhteisön epidemian varalta, estävät sairauden puhkeamisen. Syntipukin eliminoiminen karkottamalla tai tappamalla on yhteisön jäsenille puhdistava kokemus, palauttaa harmonian. Eliminoiminen vahvistaa vainoajien sisäistä yhteenkuuluvuutta, pitää yllä näiden sisäistä rauhaa.

Edellä olevassa luettelossa syyllistettyjä on miljoonia kertoja enemmän kuin rasismista syytettyjä.

Matka saamelaiseen kulttuurikonferenssiin

Riemastuin nähdessäni että Inarissa on saamelaiskulttuurin konferenssi. Sinne menen, maksoi mitä maksoi.

En mennyt lentäen, menin maita pitkin. Junan yläkerrasta näkee enemmän. Lähestyn saamenmaata hitaasti ja hartaasti. Panen merkille tienviitat, veden korkeudet, padot, kanavat, kuivauomat, puiden vuosikasvun, viljan oraan, talon ryhdin, poron rytmin, kirkon muodon.

Jatkan siitä mihin edeltäjäni jäivät: Rooman historioitsija Tacitus, Uppsalan tiedemies ja esseisti Linne, ranskalainen maapallon mittaaja Maupertuis, Utsjoen kirkkoherra Felman, saamenkielen tuntija Elias Lönnrot, Inari-tutkija T. I. Ikonen, Toivoniemen vallesmanni, oman aikamme saametutkijat. Vaatimattomuuttani jätän mainitsematta nykyajan armollisuuden anojan.

Lapinmaan vuolaat virrat kuvastivat luonnon ja elämisen lumoa - ennen kuin tulivat padotuiksi. Uhmakkaat vuolteet etsiytyivät kohti Jäämerta, Pohjanlahtea, Itämerta, Vienanmerta, Atlanttia, Inarinjärveä. Luminorojen lirinä tunturien rinteillä, koskien pauhu, aineiden kierto, valon vaihtelu, taivaan yllätyksellisyys, maan syke, elämän kiihkeyden symboli. Kuinka kellekään saattoi tulla mieleen kahlita Lapinmaan kosket velloviksi altaiksi, vangita elämä katiskaan. Vuolaiden virtojen patoaminen on suurin ympäristörikos Suomessa ja Pohjolassa kautta aikain.

Palattuani istun Tuomiokirkon portailla, annan valon kylvettää kasvojani ja haen tuhotulle lumolle säeasua, amatöörin luvalla:

Lapinmaa - virtojen kehto
meren kautta kiertää vesi, taivaan kautta
tuuli tuo tunturille lumen ja tuiskun
kaukaa katsoo toisen tunturin kajo, valkohuippu
aurinko, aineen hehkuva ydin, fuusio, yhdyntä
suo sulan, virrat syöksee kukin suunnilleen
Kemi, Teno, Tornio, Juutua ja muut
vieri avaruuden, kaarevan ja suhteisen
venhon paiskaa, lautan hajoo
kosken pauhu peittää
veden kala vastaan hyppää
kyljen kiilto, mädin tuoksu,
maidin valko, hiekan suoja
veden virta kutsuu, kutsuu
elon tunto sykkii, sydän globaalin
hengen voimaks halaa
Seita laeltansa katsahtaa

Tuollainen oli Lappi, fennien maa. Oli, ei ole enää. Seidan katse on peitetty, rummut rikottu, henki poljettu maahan, maa tallattu ja perattu, kallio porattu, kanava kaivettu, kylät hukutettu, virran voima katkaistu, lohen hyppy kadotettu. Yhä hiipii vihollinen tunturiin. Sähkölinja rinteen yli, lavat viuhtoo, laen tukkoo, kaartaa kauas, Tornioon ja Helsinkiin, Osloon viereen Kristianin.

Miksi Lappiin, saamelaisen kulttuurin konferenssiin?

Tallinnan suurlähetystössä lehdistöneuvos heijasti seinälle kartan, jossa saamelaisasutus peitti nykysuomen ja Ruotsin, se oli hätkähdyttävä kuva. Ketkä ovat tunkeutujia, ketkä ovat valtaajia. Viisi vuosisataa saamelaisia on työnnetty poispäin, kurujen kivikkoon. Jäljelle on jäänyt nimiä ympäri maata: Lapinkylä, Lapinniemi, Lapintie, Lapinrinne, Lapinjärvi. Sysintä jatkuu tänään: rataa, tuulimyllyä, Saariselkä tuo puistattava pöhö. Ulos ei ajettu vain saamelaisia. Yhtä lailla ulos ajettiin, pilkan kera, savolaiset korvenraijaavat. Maan seudulta haluttiin raaka-aineet halvalla, vallata elon keinot kuin kolonialismin aikaan Afrikassa. Ihmiset pois tieltä. Afrikassa heidät ammuttiin paikan päällä tai vietiin orjiksi. Saamelaisten sysiminen rinnastuu savolaisten, pohjalaisten, afrikkalaisten katoon. Siksi palan halusta nähdä ja kuulla mitä saamelaiskulttuurista kerrotaan. Kuin kotiini tulisin.

Helsingistä nähtynä maailma on tieteen ylenkatse, ajatusten sulkeuma, mielen lukkiuma. On mentävä toisaalle, nähtävä asioita toisin silmin, kuultava ihmisiä tuolla puolen. Saame on katse ulkoa. Saame ei ole vain saamelaisten kokemus. Se on yhtä lailla meidän, luontosuomalaisten kokemus. Siksi lähestyn saamenmaata sympatian sykkein, kotiini tullen.

Nousen junaan, matka Inariin alkaa. Olkalaukku painaa, se on täynnä saame- ja Lappiaiheisia kirjoja, on Felman, Linne, nykytutkijat. Mieleni liitää minne liitää, lupaa en kysy. Näkemisiä, vaikutelmia, ajatelmia, purkaumia, muisteloita, tuomioita, ihastuksia, ylistyksiä, toiveita, harhoja. Ole eri mieltä.

Kemin Isohaarasta Kaamaseen ja takaisin. Lapin järkky tulee esiin monin tavoin. Junan ikkunasta näen patoaltaan veden petollisen välkkeen, näen kuivuneen uoman josta kala ei nouse ei laske.

Poimin sanoja puhujien suusta:

Virtaavan joen lailla lumihiutaleet yhdessä laskeutuessaan muodostavat suuren voiman. Armollisuus, kunnioitus, ymmärrys. Poissaolo, haaveet, katoaminen, tyhjyys. Revontulet vievät lapsen. Kuin valkoinen valo ja taivas. Lohipatoa ei osata tehdä enää, ei lukea Tenoa. Kalaa ei oteta, kalalta kysytään, pyydetään nöyrästi. Joelle pitää päästä, muuten osa minua kuolee. Luonnollinen tarve, luonnonkansa. Levojoki kiertää Sarahakan, jumalattaren, sulka linnulle. Vihollinen hiipii tunturiin (sähkölinja). Kevättulvassa suuri voima. Jokivene matkaan, on soudettava vuorotellen. Isäni joikasi. Joiun omistaa hän josta se kertoo. Tutkijat, tiedon keräilijät ovat rasite, kysyvät aina samaa. Auringon tyttäret. Karhu vai kettu. Keitä susi edustaa. Fiktiota ilman opetusta. Tarinamme, näkymätön näkyväksi, syvemmälle.

Koen samuutta saamen ja suomalaisen luontokansan välillä. Samaan tapaan kuin Helsingin rautatientorin hiljaisen istujan kanssa.

1800-luvulla salojen kansa kelpasi röyhistelyn aiheeksi, mystisiksi kuviksi ja sinfonioiksi, oli Kallelaa, Sibeliusta ja muita. Sisällissodan jälkeen punaorvoilta kiellettiin oikeus olla oma itsensä. 1960-luvulla luontoväestö nimettiin työvoimaksi ja ahtautettiin bunkkereihin. Röyhistely kääntyi pilkaksi: Ilmari Kiannon kuolontuomiot, Juhani Ahon mattiliisa-ressukat, Joel Lehtosen putkinotko, tieteilijä Jouko Siiven ryysyranta, Peter von Baghin taiteiden tarina, nykypäivän Helsinki-pöyhkeys. Tänään Minna Canth -palkittu sanoo kainuulaisten olevan perseestä - nukkuuko valtakunnan syyttäjä. Ihmisiltä riistetään itsetunto, perseyttämällä tai Sipilän ja Vihriälän aktiivimallilla. Kehujat palkitaan professuurilla, päätös tehdään salassa, säätiöissä.

Ihmiset nimetään rasitteiksi: velttoilevat opiskelijat, tyhjän taiteilijat, työkyvyttömät, toimettomat, tuottamattomat eläkeläiset, ikääntyneet, hoidokit - talouskasvun esteitä ja valtion vajetta me kaikki. Nimittelyyn teillä ei ole oikeutta. Oikeus on voittava, varautukaa. Nimetyt operoidaan halvalla, iäkkäät menkööt luukkuihinsa, eläkööt lyhyen elämän, kuolkoot pian (kuten eräällä journalistilla on tapana toivottaa väärämielisille). Varma ja Ilmarinen kiittää, palkkiot juoksee, röyhistely kasvaa, Murto ja Kiander kolumnoi, Kojamo kerää ammattiliitoille ja vakuutusyhtiöille miljardikaupalla verotonta rahaa, muut maksaa veron, mafian malli. Yliopistojen tutkijat, akatemiat, media tuntevat vain yhden sanan: populismi. Tuo sana heitetään päällemme joka käänteessä. Nujerretaan, nolataan, häväistään.

Saame tai suomi, yksi ja sama, notkossa, tunturilla, työpalvelussa

Konferenssien ja yhtiökokousten antia ei ole vain se mitä puhujat on ohjelmoitu sanomaan. Keitä on tullut paikalle? Miten he seurustelevat keskenään? Keitä ei ole tullut, miksi ei? Kokousten pääanti on havainnoida paikallaolevien itsetunnon ja kaikkitietävyyden astetta.

Saame-konferenssin ilmapiiri on iloinen. Voidaanko saamenmailla näin hyvin? Onko osallistujajoukko valikoitunut? Monella ei ollut varaa tulla, kuulin kuiskittavan. Hyvinvoijansa täälläkin.

Konferenssin nimi on 'saamelaisen aineettoman kulttuuriperinnön konferenssi'. Miksi aineettoman? Miksi kulttuurin? Miksi perinnön? Ilmiselvästi sanat ovat harkittuja, rajaavia. Maasta, metsästä, koskesta ei saa puhua? Agendavallaksi tällaista kutsutaan. Töllätkööt Putousta tv:ssä, unohtakaa padotun virran Putous joka on kadonnut. Jänkätkää ilmastoa, vaientukaa muusta. Konferenssissa yksi rikkoo rajan, julistaa Seidan tuomion Levajoen tuulimyllyille ja pyytää saamekäräjiä heräämään. Saamediggin puheenjohtaja istuu ylväänä hiljaa, ei välitä.

Jutelkoot saamelaiset pikkunättejä kulttuurista, jutelkoot kaukana ja keskenään. Rauhassa saavat Lapin liitto, oikeusministeriön demokratiatoimisto, elinkeinoministeriön väki, liikenneministeriön ratamiehet, valtio, myllynpystyttäjät, sähköyhtiöt, etelän taalerit, Bulevardin, Aleksin ja Yliopistokadun sijoittajat räknätä, vedellä viivoja halki tunturien, mereltä merelle, Levajoelta Tornioon, audi-turistien uittaa lohta Tenolla, avata koillisväylän, radalla Berliiniin. On Berliinissä käyty ennenkin, 1910-, 1920- ja 1930-luvuilla. Halki Afrikan ja Arabian vetelivät viivojaan leopoldit. Niiden viivojen takia soditaan tänään Syyriassa, Irakissa, Tšadissa, Nigerissä, miljoonia kuolee, matkustajakoneet ammutaan alas, toimittajat höyrystetään lähetystöissä.

Ei näy Lapin liiton, ministeriöiden, ei kuntien edustajia. Poissa ovat OM, TEM, LVM, MMM, OKM, VM, STM, metsähallitus, kuntakaavoittajat. Sen sijaan tänne on kutsuttu ja käsketty retoriikkakaunoja Unescosta ja Museovirastosta. Retoriikat ei uppoa minuun. Kaunopuheilla luodaan kuvaa yhteisyydestä, instanssien huolenpidosta. Miksi museovirasto on paikalla? Meidät museoidaan. Saamesta tehdään kulttuurimuseo, Savon maasta ei tehdä edes museota, pellot koivikoiksi, koivut mätänee keskeltä poikki, sieni niitä mutustaa, kaksi pääskyä jäljellä ei joka kesä kahtakaan, maatuu mannut. Macchiavellinsä he osaavat, harva temppua huomaa. Mutta osaamme mekin.

Eturiviin asettuvat tietävät paikkansa, näin on seminaareissa aina. Vilkaiseeko hän kertaakaan taakseen? Lausuuko sanaakaan kurujen väelle? Miettii seuraavaa sovintokokousta Helsingissä, oikeusministeriössä, onkohan lentoliput tilattu, onko hotelli sänkköstelleä, viittätähteä. Shampanjaa aamiaisella.

Konferenssin yksi esitys tulee manalasta. Synkistelikö hän tarkoituksella? Ääni on hiljainen ja väritön, ei kohoa kertaakaan, katoaa pienikokoisena pöntön taakse, silmillä on hattu, kertaakaan ei vilkaise yleisöön, puheen jälkeen kävelee suoraan salista ulos, sen koommin ei näyttäydy. Riemastuttava esitys. Suomea hän puhui mutta kirjasin muistiin sanat 'responsibilities in the universe'. - Pauliina, koltanmaalta, toivon kuulevani sinua toistekin.

Mikä on alkuperäistä?

Etelän akateemiset suoltavat muotisanoja, yksi ehtyy, tilalle toinen. He kieltävät alkuperän, aiemmin he kielsivät olemuksen - metafysiikka on paha. Pitää olla sirkuleumia, immersiä, lainaa, lainan lainaa, luottamusta, osallisuutta. Jos ei ole alkuperää, kuinka voi olla alkuperäiskansa? Puhuvatko YK ja nettikellokkaat omiaan? Kuka on alkuperäinen, voisinko minä olla? Jos en ole niin miksi en. Syntyikö sana Kolumbuksen tunkeutuessa alkuperäisten maille. Tulta, tuhoa, tautia, verta ja kuolemaa. Alkuperäiskansoja tunnistetaan siellä täällä eri puolilla maailma - Amazon, Australia, Kanada, Siperia, Pohjola, saamelaiset. On heille määritelty tunnusto: maillaan ennen uustunkeutujia, eivät ole valtio, pitävät itseään alkuperäisinä. Miten tuo eroaa minusta: olen valtioton, sosiaalinen ympäristö johon synnyin tuhottiin, tunnen itseni ulkopuoliseksi, peräiseksi, johtuisiko se peräkamarista.

Mitä on kansa. Suomen kansaa ei ole olemassa, todistelee tiedeväki yliopistolla ja Koneen palkitsema. Suomella ei ole alkuperää, kertoo toinen tieteilijä, ei loppua, on vain vaikutteita, täältä ja tuolta, sulautumia. Filosofi Tampereella kutsuu etnistä suomalaisuutta ruotsinkielisen eliitin kansallisromantiikan huumassa luomaksi sosiaaliseksi konstruktioksi.

Miten maailmanmenoon istuu saamelaisuus, suomalaisuus, kansallisuus, kansa? Onko kansapuhunta paikkaan sidottua? Onko kansallisuus liikkuvaa, virtaavaa, virtuaalista? Miksi pitäisi olla valtioita ja valtioiden rajoja, historian jäänteitä. Me ihmiset olemme taivaanlintuja jotka lentävät vailla määrää, vailla suuntaa, hyttysen perässä, pääskyjä jonka lentoa et ehdi seurata.

Kesti kauan tajuta, että Venäjän, suomen, Ruotsin ja Norjan yli levittäytyy laaja vyöhyke jolla asuu ihmisiä joilla on yhteinen kieli, jotka ymmärtävät toisiaan puhumatta venäjää, suomea, ruotsia tai norjaa. Tällaista erikoisuutta on vaalittava. Syntyykö monikulttuurisuus muka vain maahanmuuton kautta. Sehän on valmiina, te ette huomaa, ylenkatsotte. Kerrotaan että minunkin sukujuuristani toinen olisi tullut kaukaa Karjalasta, toinen Sveitsistä, kurkkulaulajien mailta. En ole suomalainen, en tiedä mitä se tarkoittaa.

Kansojen olettaminen sisäisesti yhtenäiseksi on väkinäistä. Nationalistinen eheys on valhe, presidentin hokemat ei tätä muuksi muuta. Eheyden vaatiminen on pakottamista. Ansiomitaleiden saajiksi valitut, naurettavaa yritystä pitää kansa hallinnassa, sitoa olemattomaan. Ihmisen kokemus ei istu virallisiin määrittelyihin. Saamelaiskuva museoidaan. Savolaisista vitsaillaan. Merisaamelaiset, kveenit ovat kokeneet itsensä syrjityiksi suhteessa norjalaisiin ja saamelaisiin. Kveeni, se olen minä.

Kulttuuri-itsehallinto - mitä se on

Saamelaisten kulttuuri-itsehallinnon käsite löytyy Suomen perustuslaista (1995). "Saamelaisilla on saamelaisten kotiseutualueella kieltään ja kulttuurien koskeva itsehallinto sen mukaan kuin lailla säädetään."

Siis kieltään ja kulttuuriaan koskeva - rajaus on erikoinen ja epämääräinen. Eikö kieli ole ihmisen omassa hallinnassa, tarkoittipa se lausuttuja sanoja tai fyysistä kieltä. 1600-luvulla noidaksi väitetyltä leikattiin ennen lopullista kuolemaa kieli pois suusta jotta ei pääse levittämään väärää sanomaa.

Kieleen ja kulttuuriin rajattu itsehallinnon käsite on alentava. Mikä merkitys sellaisella itsehallinnolla voi olla. Yhtä petollinen ja väärinkäytölle altis kuin sana autonomia. Vuonna 2009 säädetyn yliopistolain pääperusteluksi mainittiin yliopistojen autonomia. Sanaa toisteltiin eduskunnassa satoja ellei tuhansia kertoja. Toisin on käynyt. Valtion tulosohjaus (mikä ihmeen tulos), rahoituskriteereillä pelaaminen, jopa sisällöllinen ohjailu strategioineen ja priorisointeineen (tieteenhän piti olla vapaa, sanoo perustuslaki). Yliopistolain päätarkoitus on muuntaa yliopistot liikeyritykseksi. Yhdellä sanalla - itsehallinto, autonomia - voidaan tarkoittaa ja peitellä mitä tahansa. Käsitteiden ja sanojen käyttö ja niillä harhauttaminen on politiikan voimallisin keino. Eduskunnassa tätä ei tiedosteta.

"Tämän lain mukaisesti turvataan saamelaisille alkuperäiskansana omaa kieltään ja kulttuuriaan koskeva kulttuuri-itsehallinto. Kulttuuri-itsehallintoon kuuluvia tehtäviä varten saamelaiset valitsevat vaaleilla keskuudestaan saamelaiskäräjät. Saamelaiskäräjät toimii oikeusministeriön hallinnonalalla."

Rajauksia satelee ohimennen ja sivulauseissa. Kotiseutualue, vastaava rajaus kuin intiaanireservaateilla Amerikassa. Itsehallintoa operoi käräjät. Itsehallinto ei siis ole kansalaistason olemista koskeva käytäntö. Itsehallintoa hallinnoidaan - paradoksi. Käräjien ohjaus on upotettu suomalaiskansallisen hallinnon sisään, miksi oikeusministeriölle. Eikö kieli ja kulttuuri viittaisi kulttuuriministeriön suuntaan. Perustuslain pykäliä hävettää lukea.

Harhauttavammaksi ja byrokraattisemmaksi ei itsehallintoa saa.

Miksi nimeksi on laitettu käräjät? Siellä siis käräjöi-dään. Saamelaiset keskenään? Tappelevat, purkavat keskinäisiä mielipahojaan. Kivillä istuen tässä maassa on ennenkin käräjöity: poltetaanko noita, leikataanko kieli. Saamekäräjät ovat institutionalisointia. Instituutiot sulkevat ulos (kirja Miksi maat kaatuvat). Kunnat on insitutionalisoitu, peittimeksi on keksitty osallisuuskoordinaattorit. Suomen akatemian strateginen neuvosto institutionalisoi tieteen rahoittaen myös peiteoperaatiota, osallistamisen tutkimusta. Ympäristöpolitiikka on institutionalisoitu. Instituutiot tarvitsevat vaikuttavuusviestintää: miltton, demos, kaskas, ellun kanat, tekir.

Saamekäräjäpöydän ympärillä on 23 tuolia. Suomessa on 10 000 saamelaista. Missä on tuolit 9 977:lle saamelaiselle? Tuulimyllyjä, sähkölinjoja, vesistöjä, kalastusta, metsien käyttöä, tekoaltaita, tunturien tukkimista asfaltilla ja hotelleilla ei 23:n neuvostolla ole lupa käsitellä. "Herätys käräjät, on aika nousta tuulimyllyjä vastaan", huudahti Tenojoen mies konferenssissa. Käräjien puheenjohtaja istui vaieten. Valta alistaa ja alistuu vaikenemalla.

Norjan käräjät kieltäytyi osallistumasta valtion porohallintohankkeeseen koska Norjan maatalousministeriö ei välitä käräjien kannasta ja jopa peukaloi käräjien lausuntojen sisältöä, kertoi Oddasat 11.6.2019. Tromssan ja Finnmarkin läänien yhdistämishanke lipsahti käräjiltä ohi, harmitteli käräjäjäsen. Lapin liitto vetelee mielin määrin rataviivoja tunturiin. Valitkaa näistä mieluisenne, se ilakoi. Samanlaisella ilakoinnilla tuhottiin Kemijoen vesistön kulttuuri.

Saamelaisten omaan kulttuurikäsitykseen kuuluu myös aineellinen kulttuuri, elinkeinot ja luonnon varat, sanoo Irja Seurujärvi-Kari (Saamentutkimus tänään).

Kansainvälisten sopimusten mukaan vähemmistölle tulee taata välttämätön aineellinen perusta kulttuurinsa ilmaisemiseksi. ILO-sopimuksen mukaan (jota Suomi ei ole ratifioinut) tulee kunnioittaa sosiaalisia, taloudellisia ja kulttuurisia oikeuksia.

Aineellista kulttuuria ovat luonnonvarojen hallinta ja käyttö, metsät, vedet, joet, kosket, tunturit, ilma, tuuli, Tenojoki, Juutuanjoki, Kitinen. Saavatko Suomen valtio, Lapin liitto, tuuliyhtiöt, kunta, rahastot, Kasarmikadun taalerit ja muut rakentaa linjoja, myllyjä ja ratoja halki tuntureiden, Tenolta Tornioon. Voiko Suomen valtio itsevaltaisesti sanella kalastuksen Tenolla. Kalastusoikeuksien hallinnasta Ruotsin oikeus päätti tammikuussa 2020 tasan päinvastoin, se kuuluu yksinoikeudella paliskunnalle.

Saamen kotiseutualuetta ovat Utsjoki, Inari, Enontekiö, Sodankylän pohjoisosa. 60 - 70 prosenttia saamelaisista asuu kotiseutualueen ulkopuolella. Heidän oikeutensa ovat toissijaisia verrattuna saamelaisalueeseen, sanotaan kirjassa Saamenmaa.

Miksi putkinotkoissa ympäri Suomea ei ole saamenmaan kaltaista itsehallintoa? Miksi ei ole savolaiskäräjät, karjalaiskäräjät. Alkuasukkaita mekin olemme.

Moratorio - valtion vallan loppu

Tenon kalastussopimuksen mitätöimiseksi Utsjoen Čearretsuolussa julistettiin moratorioalue. Valtion kalastussäännöt eivät päde, noudatamme saamelaista tapaoikeutta, he sanoivat.

Moratorioiksi muukin Suomi sopii. Rakennamme mihin rakennamme ja miten rakennamme. Hoidamme metsiä ja vesiä miten hoidamme. Näin suomenniemen asutus on ennenkin syntynyt. Koska on vapaakauppa-alueita, on voitava olla myös kansan moratorioita.

Inarista pari kilometriä Utsjoen suuntaan on tien varressa kyltti 'Valtion metsää'. Minkä ihmeen valtion? Ei saamelaisilla ole valtiota. Mikä valtio täällä esiintyy valtiona? Mikä valtio katsoo oikeudekseen käyttää tätä aluetta tahtonsa mukaisesti kuten britit, belgit ja portugiisit Afrikkaa 1800-luvulla.

Saametutkija Tero Mustonen:

Maassamme on hitaasti kytevä, vuosisatoja kestänyt etninen konflikti. Venäjän koltilla on vuodelta 1574 gramota-asiakirjat. Ne määrittelevät kolttien oikeudet kalavesiin ja muihin alueisiin. Aluejärjestelyjen yhteydessä tuo velvoite on siirtynyt myös suomen valtiolle. Mutta valtiot eivät noudata sopimuksia. Suomi on unohtanut gramotan. Suomen valtio on tulkinnut saamenmaan olevan valtionmaata. Valtio ei ole koskaan solminut saamelaisten kanssa sopimusta maa- ja vesioikeuksien siirtämisestä valtiolle. Valtio tietää olevansa heikoilla. Saamelaisalue pitää sisällään valtavan määrän mm. puhdasta vettä. Suomen valtion etuihin ei kuulu saada aikaan sopimusta saamelaisten kanssa maa- ja vesioikeuksista. Saamelaiskysymys on häpeä Suomelle. Perustuslain muutos 1995 tai saamelaiskäräjien perustaminen eivät ole johtaneet näiden asioiden käsittelyyn Suomessa. Tänään saamelaisyhteiskunta on murentumassa, perinteiset elinkeinot ovat ahtaammalla kuin koskaan. Saametutkimus on asemoitava uudelleen. (Mustonen 2012)

Monimuotoisuus (diversiteetti) rajataan luonnon ominaisuudeksi. Eikö monimuotoisuutta ole myös ihmiset, kielet, kulttuurit, tavat, elinkeinot, rakennukset, peltojen ja metsien muotoilu, sosiaalinen ja kulttuurinen monimuotoisuus. Ihmisten ahtaminen jätkäsaariin ja kalasatamiin merkitsee monimuotoisuuden kuolemaa, kulttuurien sukupuuttoaaltoa.

Saamekulttuurin konferenssissa Anni-Helena Ruotsala esitelmöi käräjien halusta tulla kuulluksi aluetta koskevissa hankkeissa. Oletuksena tuntui olevan että hanke - olipa mikä tahansa hanke - etenee toteutukseen. Riittää kun meitä on "kuultu". Tähän perustuslain pykälät kulttuuri-itsehallinnosta varmaan tähtäsivätkin. Saamehallinnosta, käräjistä muotoutuu oman olemisensa tarkoitus, "tulla kuulluksi". Samoin tapahtuu koko Suomessa; rakennus- ja maankäyttölaissa rajataan valittamista, yleinen etu valitusperusteena mitätöidään. Redien, triplojen, raatien, areenoiden, ratojen, tunturihotellien, patojen, altaiden, sähkölinjojen tulee edetä.

Twitter-keskustelusta poimittua:

Paliskuntia kuullaan, koska on kuultava, mutta paliskuntien kantaa ei kuunnella tai huomioida. Kokoukset paliskuntien kanssa ovat pelkkää teatteria. Järjestäjälle paliskuntien osallistuminen kuulemisiin on imagovoitto, jolla omaa vastuullisuutta korostetaan julkisuudessa.

Valtioiden rajat, väestön paot, siirtomaaisäntä Helsinki

Siida-museon kartta kertoo, kuinka kolme valtiota - Ruotsi, Norja ja suomi - piirsivät rajat tuntureiden keskelle. Rajojen sulkeminen aiheutti väestövaelluksia. Näin tapahtui Intiassakin 1948 kun niemimaa jaettiin kahdeksi valtioksi. Saamelaisia pakeni mm. Sodankylän Vuotsoon - näin syntyi Vuotson saamelaisuus. Pian seurasi uusi pako. Valtio ja metsäteollisuus sammioivat vedet ja hukuttivat maat, Lokan ja Porttipahdan tekoaltaiden väliin imuroitiin kymmenen kilometrien kanava porojen vilvoitella.

Yksi hyötyjä saamelaisten karkottamisesta ja yleensä Kemijoen, Porttipahdan, Lokan, Vuotson ja Kitisen sähköstä on Helsingin kaupunki. Helsinki on siirtomaa-valtias, ollut kymmeniä vuosia ja on tänään. Helsingin johtajistolla on ylimairea, ylenkatsova, ylimielinen ilme kaikissa kuvissa. Pöyhkeydellä ei ole rajaa. Häpeä Helsinki, sanoi prof Seikko Eskola Tieteenpäivillä - hän kylläkin tarkoitti Heimolan talon (eli eduskunnan) purkua Kluuvista.

Rajatut maailmat, colonia

Tero Mustosta (2012) edelleen lainaten: Kotiseudun kiinnittäminen 'paikkana' kuvaa lännen ymmärrystä rajatuille olemuksille ja maailmalle. Jännitteet puretaan hyvin määriteltyihin rajauksiin. Rajaus on siirtomaapolitiikkaa, kolonisointia. USAssa vallan geometriaa ovat alkuperäväestön reservaatit. Tänään nekin uhkaavat jäädä öljyputkien alle.

Kuolan koltta Ivan Matvejev Inarin konferenssissa: Neuvostoliitto sulki kyliä, pakkosiirrätti saamelaisia, lohenpyynti kiellettiin, tänään pyyntipaikat annetaan turisteille. Jopa tsaarinaikana oli paremmin.

Colonia = siirtomaa, siirtokunta, uudisasutus. Lapin kolonisaatiota ovat Kemijoen sulkeminen ja allastaminen, Kitisen allastaminen, Lokan ja Porttipahdan tekoaltaat, Vuotson kanava, Sierilä-hanke, saamelaisalueen maiden ja metsien omiminen, metsien hakkuut, aiemmin saamelaislasten haltuunotto, oman kielen kielto ja rotuoppi, tänään Jäämeren ratahanke, tuulimyllyt Tenojoen Levajoella ja Ruotsissa, kalastuksen omiminen audi-turisteille, Holiday Clubin sellihotellit Saariselällä, kelohonkien rajaton kaato, Kaunispään huipun ja rinteen täyttäminen lasikopeilla ja asfaltilla, vanhojen polkujen tuho.

Kemijoki Oy levittää väärää tietoa

Nelostien ja Vuotson kanavan kainalossa seisoo Kemijoki Oy:n infotaulu. Taulun tieto ei ole totta.
"Vesivoima on kotimainen ja uusiutuva energianlähde. Sen tuotannossa ei synny päästöjä ilmaan, veteen eikä maaperään. ... Vesivoiman ympäristövaikutukset ovat paikallisia ja niitä voidaan tehokkaasti vähentää ja jopa poistaa kunnostus- ja hoitotoimilla. Tällaisia ovat mm. uimarantojen ja veneluiskien rakennus ja kalanpoikasien istutus."
Näin taulu siis kertoo.
Aasiassa vesivoiman kasvihuonepäästöt voivat olla suuret, raportoi Aalto University Magasine huhtikuussa 2018 . Vaikka Aallon mittaukset ovat Mekong-joelta, tiedot tuskin suuresti eroavat vesirakentamisen vaikutuksista Lapissa.
Aallon raportti jatkaa: Vesivoimatuotanto ei mahdollisesti ole ilmaston kannalta kestävää. Patoaltaiden päästöt olivat useissa tapauksissa yhtä suuret kuin fossiilisilla energialähteillä. Tällä hetkellä päästöjen arvioidaan olevan enemmän kuin Laosin kaikkien toimialojen yhteenlasketut päästöt 2013. Vesivoiman päästöt ovat peräisin pääasiassa orgaanisen aineksen hajoamisesta patoaltaassa mutta myös patojen rakentamisesta.
Suomessa vesirakentamisen vaikutusten tutkiminen ajettiin alas, kun valtion tutkimustoiminta alistettiin poliittiseen ohjaukseen Suomen Akatemiaan asetetun strategisen tutkimuksen neuvoston ja valtioneuvoston ohjauksen myötä. Itsenäisemmin toimineet laitokset (Metla, RKTL) ja tutkimushankkeet lakkasivat. Poliittisen kaappauksen suunnitteli kolmihenkinen ryhmä joista yksi oli Sixten Korkman.

Vuosikymmeniä jatkuneet kalanpoikasistutukset ovat viherpesua. Sellaiseksi ne osoittautuivat myös RKTL:n tutkimuksissa. Juuri siksi itsenäinen kalantutkimus lakkautettiin. Asiasta kerrottiin myös Virtavesiseminaarissa 2018 (Kahelin 2018).

Kemijoen tarina, Lapin tarina: oli joki, oli kuohu, oli lohi, oli jänkä, oli poro, oli saamelaiset, oli toivoniemi. Tuli yhtiö, tuli insinööri, tuli kekkonen, juotiin vodkaa, meni maa meni joki meni lohi, lähti riesto, vajosi siita, hajosi rumpu, hiljeni joiku. Yhtiö karkotti kansan, hukutti talot ja pellot, hävitti vuosisataisen kulttuurin, tappoi lohet.

Sierilä, Kemijoen vapaa pätkä Rovaniemen ja Kemijärven välissä. Valtio omistaa Kemijoki Oy:stä 51 %. Valtion osuus on aiottu siirtää Valtion Kehitysyhtiö Oy:hyn. Yhtiö yhtiön päälle, monesko potenssi: Kemijoki Oy, Vake Oy. Yhtä petollista kuin asuntolainojen paketointi USA:ssa ennen vuotta 2018, paketointi pohjusti suuren finanssikriisin. Vesistöjen paketointi yhtiöksi yhtiön päälle pohjustaa suuren syrjäytymisen. Vaken ja TEM:n uusi hype on tekoäly, artificial. Kiinassa tekoäly pisteyttää ihmiset. Tekopeli, tekojoki, tekokoski, tekoporras, tekokala, tekoyhtiö, tekoäly. Ohenee, ohenee, ohenee. Maailma onttoutuu.

Populismi-syytösten suunta käännettävä

Vuonna 1968 Helsingin sivistyneet valtasivat Vanhan. Jokivarsilta samoihin aikoihin karkotetut ihmiset eivät näitä valtaajia kiinnostaneet, eivät valtaajat niistä mitään tienneet, eivät tiedä tänäkään päivänä. Jos tietävät, nauravat, ylistävät modernisaatiota. Helsingin sivistyneet kirjoittavat Vanhan valtausta ylistävän kiran (Purokuru

& Monti 2018).

Lapin yliopisto tekee Akatemian rahoituksella tutkimuksen ja julkaisee kirjan 'Lappi palaa sodasta' jossa ylevin sanoin kehutaan Pirttikosken valjastamista modernisaation näyttönä. Tänään Lapin yliopiston kehuma asuntoalue Pirttikosken kupeessa on luhistunutta homeista jätöstä, villikissa hyppii oven edessä. Kiersin ja kuvasin alueen kesällä 2019.

1960-luvulla opiskelevan etujoukon itsevarmuus ja asutustilallisten maailmat eivät vähääkään kohdanneet, sanoo HS:n toimittaja Matti Kalliokoski (HS 16.1.2020). Keväällä 2018 kuuntelin Vanhan valtaajien 50-vuotismuisteluksia Helsingin yliopistolla. Puolet heistä lie ollut professoreita. Onnittelivat toisiaan, vitsailivat, naureskelivat, joivat viiniä. Narsismia nurkat täynnä ennen ja nyt, yliopistolla varsinkin. Noissa tilaisuuksissa saan olla totaalisen tuntematon. Teen osallistuvaa tutkimusta.

Parnasson, Kanavan ja Kuvalehden päätoimittajaksi ylennyt mieshenkilö aloitti populismitutkimuksen juonteen aiheenaan smp:n vaalivoitto 1970. Vaalivoiton hän ja kaikki tutkijat hänen jälkeensä ovat leimanneet pelkäksi populismiksi. Helsingin hispterisivistyneistö on ulalla kuin ellun kanat. Eivät tiedä ihmisten kohtaloista ja tunnoista auvisen vertaa. On aika siirtää heidät syytettyjen penkille.

Kuolema kuohuvassa koskessa

Jäniskosken tarina: 1900-luvun alussa vesistöt olivat tärkeä (usein kai ainoa) liikkumisväylä. Inarin Juutuanjoessa on pitkä koskijakso, raivokkain on Jäniskoski, todella raivokas. Insinööri rakensi koskien kohdalle rantapuomeja joita pitkin voisi vetää veneen koskien ohi. Istui iltaisin kosken partaalla kaihomielisenä. Lopulta himo vei voiton. Tuo koski on laskettava, veneellä. Otti kaverikseen apulaisensa. Suunnittelivat laskureitin kivi kiveltä. Ja menihän se, miltei. Kosken alapäässä oli vielä yksi yllätyskivi. Vene törmäsi, kaatui, miehet veteen. Apulainen löydettiin kosken alta kivellä istumassa, kuivattelemassa taskukelloansa. Insinööri löydettiin hukkuneena. Jalka oli tarttunut kosken pohjaan.

Tänään kosken yli on teräksinen kävelysilta. En uskaltanut mennä sillalle. Koski on pelottava, on toukokuu, ehkä tulva-aika. Mahdoton kuvitella veden määrää, joka sekunti, päivän ehkä vuodenkin ympäri. Tuntureiden rinteillä pieniä lumiplänttejä, liruja tihkuu. Mutta tämä määrä, tämä kuohu, tämä pauhu. Oliko tällaisia koskia aiemmin Kemijoessa, Petäjäskoski, Vanttauskoski, komeita olivat nimet, komeasti hyppäsi lohi ylävirtaan, kutemaan. Ovat kudokset loppuneet, sammunut kaikki, sammunut. Suomi on kuollut maa.

Ensin vesi, sitten tunturin tuuli. Valtio kehittää, valtio yhtiöi. EU masinoi, kriintiiliä. Ihmiset, pois alta, saamelaiset ja savolaiset.

Vallesmanni istutti toivoniemen

Eduskunnan valittu väki retkeili Lapissa. Meitä on kielletty käyttämästä riista- ja kalatalouden tutkimuslaitoksen nimeä (RKTL), kertoi tutkija. Kieltäjä oli valtion laitos. Kieltäneen laitoksen pääjohtajasta tehtiin yliopiston rehtori, yliopiston joka viekkaudella ja väkivallalla poisotettiin.

Kaamasen tiellä kolme kylttiä osoittaa männikköön. Yhdessä lukee RKTL. Ei ole etelän sensuuri tänne yltänyt.

Uskallanko ajaa kylttien osoittamalle tielle. Taivaalle

kiitos että uskalsin. Sieltä löytyi saamen ja Lapin matkani suurin elämys - Jäniskosken ohella. Saamelaisen luontaistalouden koulutuskeskus. Luontaistalous! Kauaksi piti Suomessa mennä että tuollainen sana vielä löytyi. Tytöt ja pojat pätkivät rankoja. Kaamasjoen parras ja laajentuma, lämmin kuin Välimeren ranta. Mikä on paikan syntyhistoria? Inarin vallesmanni oli tykästynyt paikkaan. Rakennutti sinne virkatalonsa, joen ja järven rinteeseen. Kuinkahan virkatointen hoito täältä käsin luontui. Mutta ei silloin maanteitä ollut, ei autoja. Vesistöä pitkin 1800-luvulla kulkivat, vesillä liikkuivat myös rosvot ja vähemmätkin. Helppo oli rannan penkalta tähystellä, pitää kirjaa aikeista. Vallesmannissa oli mieltä ja miestä. Raivautti nättejä peltoja lämpimään rinteeseen, istutti ulkomaan puita ja kasveja malliksi Lapin ihmisille. Tänään vallesmannin puut huojuvat solakoina tuulessa, ylemmäksi kuin etelän sypressit. Rankoja sahaavien tyttöjen välistä puikahdan rantasaunalle ja laiturille. Puolikiloinen kala uiskentelee ylväänä laiturin alta, ei hoppu mihinkään. Arvaisinko nieriäksi, väärin menee kuitenkin.

Toivoniemen tuntumassa levittäytyy kosteikko, lintuvesi. Puiden ylle kohoava lintutorni on jykevää tekoa, kuin kolmiotorni muinoin Savossa. Täälläkin on pelto, tornin lähellä, parisen hehtaaria, vallesmannin tekoa tämänkin on oltava, ei ole paketissa kuten Savon ja Karjalan pellot, kaunis kuin naisen koru. Ehkä he kasvattavat poroille rehua, heinää, jäisen talven varalle.

Vallesmannin jälkeen Toivoniemen kerrotaan toimineen orpokotina ja vanhainkotina. Orpokoti, mitä orpoja Kaamasen kairoilla on ollut? Sisällissodan jälkeen orpokoteja pykättiin eteläiseen suomeen. Onko tämä ollut sotaorpokoti? Ja vanhainkoti. Miettikää tuota sanaa, vanhainkoti. Vanhat kasattu piiriin, kauaksi muista. Helsingin Arabianrannassa on Loppusuora. Minkä ikäiset ihmiset ovat nimen keksineet? Eivät ole hävyllä pilattuja. Onhan Helsingissä äijäjumppakin. Helsingissä osataan ikärasismi, nimiä myöten. Pitäkööt jumppansa ja suoransa. Rankojen sahaajat pitävät kahvitauon.

Miksi Viiankiaavasta pidetään meteliä? Miksi me muut emme pääse Ylen kanaville? Joku pääsi samantien Milttoniin. Metoo vai wetoo. Tie Viiangille vie Kemijoki Oy:n voimalapatoa pitkin tuhotussa Kitisessä. Padot ja kuolleen joen seisova vesi ei miituu-väkeä vaivaa, niillä ei ole mainosarvoa vaaleissa.

Saksalaisuus vastassa joka puolla

Muistokivi tien varressa Inarissa, harva pysähtyy. Lapin sota, saksalaisten ulosajo. Luen taulun: 265 nuorta miestä katosi erämaahan ja noin 760 kuoli. He olivat Helsingin ja Lappeenrannan rykmenttien nuoria poikia. Mihin katosivat nämä 265 poikaa, eksyivät erämaahan, vajosivat suohon, hukkuivat joen virtaan, kaatuivat tunturin kivikkoon, hävisivät tuiskuun tai sumuun, paleltuivat pakkaseen, ruoka loppui, saksalainen ampui, ruumis jäi metsään, korppi nokki.

Saksalaisuus on ollut Suomen tuho kerta kerran jälkeen. 1918 tehtaiden ja peltojen tytöt kuolivat saksalaisten motteihin kenraalien taistellessa Venäjää ja toisiaan vastaan, yksi tyttö ammuttiin Hämeessä pakotien varteen puuta vasten alastomaksi sidottuna - missä viipyy Kullervon sotaanlähdön kaltainen maalaus puuhun alastomana sidotusta ammutusta tytöstä.

1930-luvulla jälleen saksa-uho, sota Neuvostoliiton kaatamiseksi, ruumiita hautausmaat täynnä. Vetäytyessään kohti Norjaa saksalaissotilaat hajottivat Kemijoen suun sillan. Sillan tuho oli syöttö Suomen sellukenraalien ja Urho Kekkosen lapaan. Tilalle piti tehdä uusi silta mutta suljettiinkin koko joki Isohaaran padolla 1948. Suomen arvokkain lohikanta, kokonaisen maakunnan elontuoja, tynnyrien täyttäjä, elämänmuodon perusta tapettiin kertaheitolla ja sukupuuttoon. Ihmisten, lohen ja kulttuurin tappajia ei ole saatettu oikeuden tuomiolle, päinvastoin, ylistetään kuten tekee Lapin yliopisto ja Suomen Akatemia tuoreeltaan. Saksalaiset polttivat lähtiessään Lapin perinteisen rakennuskannan. Niiden tilalla näet tänään lahoavia pystykorvataloja, vakioitua tylsyyttä. Ja Lapin sodassa siis tuhatkunta vainajaa. Tänään Saksa vaatii Eurooppaa kuriin. Berliinin metrossa panet merkille alistuneitten ihmisten hiljaisuuden.

Oikeuksien aaltoilu

Yksityinen ja kollektiivinen luonnon käyttö ovat Pohjolassa aaltoilleet: ensimuuttajat, yhteisnautinta, paliskunta, porotila, yhteisvedet, sarkajako, isojako.

Vuoden 1969 porotilalaki mukautti yhteisöllisen poronhoidon suomalaiseksi 'perheviljelmäksi'. Se on nykyajan sulauttamispolitiikkaa.

Porojen tokkalaiduntaminen on paluuta kollektiiviseen, sanoo Kaisa Korpijaakko. Tänään kollektiivisuus leviää muuallakin Suomessa. Asuntojen yhteiskäyttö, autoa ei haluta omistaa, keskinäisvuokraus, yhteismetsät. Entisaikain saamelaisuus tulee vastaan tänään uusina muotoina. Saamen historia nostaakin esiin oikeusperusteiden syvärakennetta ja vaihtoehtoja ja on siinä mielessä esikuvien ja oivallusten lähde. Miten asettuvat valta ja vastuu osakeyhtiössä tai asunto-osakeyhtiössä, aiheesta jäljempänä. Yksityinen - kollektiivinen. Konkreetti - abstrakti.

Karhunpesäkivi, piskuinen viitta Inarin ja Ivalon puolivälissä. Baari on kiinni, tyttö pyyhkii jotain. Baarin alta portaat, mihin? Portaat vailla loppua kuin tunturivaellus. Jättilohkareita puiden välissä. Jää on tuonut, mutta mistä ne ovat irronneet, Inarinjärvi tai Jäämerikään ei ole kaukana. Kolme kilometriä ollut jäällä paksuutta. Tässä jään liikunnon on pitänyt hidastua ja osin sulaa, eivät lohkareet muuten olisi vajonneet maan pintaan. Yhden alle on jäänyt kupera kolo, karhu on tehnyt koloon pesän, karhunpesäkivi.

Rinteen laelta Inarinjärvi pilkottaa piskuisen, raikas ilma puhaltaa. Puut ovat mustanaan naavaa. Naava ottaa ravinteensa suoraan ilmasta ja vedestä. Naava ei siis yhteytä, siksi se ei tarvitse lehtivihreää eikä tarvii olla vihreä. Voi olla musta tai harmaa. Niin on jäkäläkin. Ilman yhteyttämistä maailma olisi valkomustainen. Kuin mustavalko politiikka.

Lapin paras innovaatio on poro. Mikä muu koje muuntaa jäkälän ihmisravinnoksi. Kiilopään poropolulla kerrotaan että poro käyttää ravinnokseen 250 eri lähdettä. Syksyllä poro lihottaa itsensä talvea varten sienillä. Jäkälä, naava, sieni, poro - vaietkaa etelän lihavihaajat. Oppi tulee pohjoisesta.

Poro vaihtaa paikkaa vuodenajan mukaan, riippuen lumesta, jäästä, sääskistä, kasveista, suosta. Porolla ei ole kotiseutua kuten saamelaisilla. Poro toteuttaa EU:n vapaata liikkuvuutta. Valtioiden rajat ovat erehdys. Ne joutavat pois, saavat sulaa kuin toukokuinen lumi. EU:n komissaari hokee kiertotaloutta maailman pelastajana. Pohjoisessa kiertotalous on vuosituhantista. Porojen lisäksi myös ihmiset kiersivät. Helsingin, Brysselin, Sitran tai Helsuksen viisaat eivät tätä tiedä eivätkä ymmärrä.

Kiertokulttuuri

Suomalaisvaltio ja lantalaismaatalous ovat tehneet kaikkensa kiertotalouden hävittämiseksi. Maatila, porotila, rajataan ja aidataan. Metsän kasvukierto katkaistaan avohakkuulla. Poronhoito paketoitiin paliskunniksi, paliskuntiin asetettiin isännät, pystytettiin Paliskuntain yhdistys, porot kasattiin pihapellolle. Iskusana oli perheviljelmä, tänään se on yritys. Rovaniemeltä Ivaloon porot jököttävät peltopilttuissa kuin lampaat karsinoissa tai minkit häkeissä. Ihmiset ahdettiin etelän hyvinvointikoppeihin. Tila, viiva, tulos, raja, mitta, jäämä, indiviidi. Suomi putsattiin, joukkoon kuulumattomat ajettiin kohti Jäämerta. Tätä on suomalaisuus, ollut puoli vuosituhatta, Kustaa Vaasan ajoista. Tien varressa perheviljelmän harja on luhistunut, siinä yritys. Historian on aika alkaa, ei päättyä. Kulttuuri uudelle kierrokselle.

Saamelaisia koulitaan

Mikä ihmeen rakennusrykelmä metsän keskellä, kaukana Inarinkylästä. Tien varressa vilahti viitta Pielpajärven erämaakirkolle. Helsingissä kaikki pakataan niin että litistymme hengiltä. Mutta Pielpajärven tienvarrella voisi oikeasti tiivistää. Millähän logiikalla Pielpajärven kirkon paikasta on päätetty?

Saamelaisten koulutuskeskus. Koulutus? Puun taimia koulitaan. Koiria koulutetaan, muistuttavat Helsingin yliopiston professorit Snellmaniin viitaten. Yliopisto on koulu. Kouliminen on ihmisen minuuden kieltämistä. Yksi kouluttaa, toinen kouluttuu. Yhtä tyhmä sana on osaaminen.

Berliinissä pysähdyn kyltille joka kertoo Humboldtin veljeksistä. Sivistysyliopisto on heidän jättämänsä jälki, ainakin sana, nyt pois pyyhkiytynyt. Yliopistohuiputuksen kieltäjät kieltävät myös sivistysyliopiston.

Ohtaojan Osmo

Hyppää tästä yli, tarinansa kullakin.

Onko tämä laitos yhä olemassa, hämmästyn. Pikkuhaarakkeethan - apukat, kevot, inarit, muoniot, montat, varmaan pian toivoniemikin - on lakkautettu ajat sitten. Piti tehdä tilaa Korkmanin ja Kianderin osaamiskeskukselle, Akatemian Strategianeuvostolle. Tuo mädinlypsylaitos! Gogolina täällä kerran vierailin. Reviisorin mieltä minulla kyllä oli mutta tiedättehän valtion tekovirastot, veeteeveet, tyhjänpyöritystä, mitään et voi tehdä, näennäisviisastelua, siirrettiin eduskunnan kylkeen. Etelästä Lappiin kotoutunutta Ohtaojan Osmoa Iijoen partaalla muistan lämmöllä. Vanhalla mersullaan ajelutti viikon ympäri Lappia, perää, kolkat, pienet ja suuret. Etupenkillä istuimme, turvavöitä ei tietenkään. Osmo puhui koko ajan, tarinaa riitti viikoksi. Eikö hän huomannut tai välittänyt, kuinka vähän minä kaloista tiesin. Ehkä olin ainoa etelän virkailija, joka jaksoi ja halusi tulla saloille näkemään ja kuulemaan, olin oikeasti re-visio, toisin näkijä. Kiiminkijoen savunahkiaiset syötiin (pakko oli), kierrettiin muoniot, inarit, ohtaojat, mitä kaikkea jos muistaisi, katseltiin kala-altaat, sisältä ja ulkoa, siikojen suolammikot, lappihotelsin käynnistäjä puhui lupsakoita, Osmo häntä usutti. Täällä Inarissa kalanpoikasten viljelyssä - mietipä sanoja: kalanviljely, metsänparannus - saattaa olla tilkka mieltäkin, smoltit hujautetaann Inarinjärveen, jokunen voi jäädä henkiin, ei niistä isoja tule, kylmässä vedessä. Inarin lehdestä luin että Inarinjärven istukkaat otetaan Juutuanjoesta. Tuskin noin, lie tarkoittanut että mäti lypsetään joen kaloista. Siikakanta pienentyy, yksilöinä ja summana, kerrotaan. Sen sijaan Kemijoen, Iijoen, Oulujoen velvoiteistutukset - kuten niitä kutsutaan - ovat valtion, kutsettien, serlakkiusten, vesilakien, oikeusistuimien pelleilyä, kansan huijausta, pilkantekoa. Kalantutkimus, se riippumaton, koko RKTL lakkautettin jotta huijaus ei välittyisi nykyihmisten tietoon, jotta historia mielistä katoaisi. Vesihallituksen Eskon elämäntyö oli Kemijoen häädettyjen petetty kohtalo - taistella herrojen sirkusta vastaan, Hallituskadulta eli ministeriöstä sirkusta ohjasivat. Eskoa arvostan, hän oli vilpitön ja rehti.

Inarinjärvi. Järven pinta ylös alas ylös alas. Viimeisin kerta kun Suomen rajoja muutettiin. Neuvostoliitto antoi ukaasin: joko tulee osakkaaksi yrityksiin tai ottaa Paatsjoen alueen. Paasikivet antoivat Paatsjoen. Se näkyy kartassa tänään, kumma koukkaus Suomen maahan. Naapuri oli huomannut ettei sillä ole sähköä pyörittämään Petsamon nikkeliä. Paatsjoesta sitä saa, siksi se vietiin pakko-otolla Suomen herrojen hävittyä suomiuhittelun. Siksi Inarinjärveen nyt pitää istuttaa, mikseivät seisota. Juutuanjoen koskesta sähköllä lypsettyjä ja etelän rehulla ruokittuja poikasia. Saamelaisuuteen on vuosisatojen ajan kuulunut että jälkeä ei jätetä, kalakannat, tunturien rinteet ja jäkäliköt pysyvät voimissaan. Vasta suomen menestystarina vei kalat, kaatoi metsän. On luotava uusi tarina, uusi visio, uudet trendit - tätä hokee sitrat, munkiniemen haavistot, mäntyniemen niinistöt, hietaniemen demokset, kaikki. Lantalaisten ymmärrystä, mukatiedettä, tutkimushöttöä, vallan sanastoa, politiikkaa, ylimieltä - ei käy yksiin saamen ymmärryksen kanssa.

Lapin erämaiden kristillistäminen oli sotkuista touhua. Kuninkaiden ja tsaarien valtapeliä. Luonnonkulttuurin tilalle istutettiin herranpelko. Herra armahda meitä. Vain muutaman noidan rumpu onnistuttiin piilottamaan. Helsingin yliopiston professorien virkaanastujaisluennolla edessä istuvan tytön puseron selkämys on kuvioitu taikarummun kuvioilla.

Kirkon herra määrättiin milloin Kuusamoon, milloin Utsjoelle, Sodankylään, Enontekiölle, välillä ei mihinkään. Herra tuli saarnaamaan kerran vuodessa - kuinka sitä odotettiin, viikkokaupalla asuttiin hartaina kirkon kupeessa, metsikössä, savukodassa, kammissa, milloin saapuu herra.

Miksi Pielpajärvelle rakennettiin kirkko? Oliko jollain isännällä venevalkama lahdelmassa ja halusi kirkon vierelleen. Rakennetaanhan Helsingissäkin Jätkäsaareen oma tunturi.

Mikä on Inarin kirkon historia? Kirkko toi mieleen lautaladon, melkein. Löytyi Pappilantie. On täällä siis pappila ollut, kai silloin pappikin.

Mikä on Lapin suurin mysteeri? Se on Ivalon ja Inarin suhde. Sen huomaa jo Ivalossa. Tienviitassa lukee Utsjoki mutta ei Inari. Pääseekö Utsjoen tietä Inariin? Onneksi pusikon sisällä pilkahti pieni lautapala jossa luki Inari. Oli aika jolloin Ivalo halusi heittää Inarin ulos kun ei halunnut elättää heikompaa. Seuraavaksi Inari halusi sanoa hyvästit Ivalolle, näin historia keinuu.

Ivaloa tavanomaisempaa kylän raittia ei ole. Ivalon kirkon muoto mietitytti. Yhdellä sivulla kohoaa terävä suippo kärki. Kuka arkkitehti on tuon piirtänyt, mitä mielikuvaa on herätellyt? Istuuko suippo Lapin henkeen

- missä on tunturien laakeus ja pyöreys, luonnon kierto, ajan kierto? Täällä Lapissa moni kirkko on vailla kellotapulia. Ovat raukat niin köyhiä.

Vielä vaikeampi on kehua Inarin kylää. K-market, punainen varastohalli, tylsä hotelli, ankeaa. Miltä Inari on näyttänyt ennen saksalaisten polttotyötä? Ja millainen kylästä olisi kehkytynyt sotaa edeltävän rakennuskannan siivittämänä? Paikasta olisi voinut loihtia elämyksen - tunturien, järven ja kosken risteymä. Mutta ei. Saksalaisten poltettua kylän suomalaiset lättäketjut ovat rätkineet halleja. Syyllinen on kuntahallinto. Sille on annettu kaavan laatimisen monopoli, tyhmin teko Suomessa kautta aikain. Kaavoitus on nimensä mukaista, kaavoittamista, kaavaan asettamista, tylsyyttä. Jos suomesta saisi yhden asian hävittää, se on kuntien kaavoitusoikeus. Se pitää poistaa kokonaan, erityisesti Helsingiltä.

Vanha hotelli Juutuanjoen partaalla istuu Lapin henkeen, tummahkoa puuta, runollisuutta, joikuutta. Kuinka syntyi Sajos? Ympäristöistuvuudessa Suomen parasta.

Vielä yksi kirkko, sattumoisin osuin - Sodankylän vanha puukirkko. Vaatimatonta harrasta tyyliä. Vapaa Kitinen virtasi vieressä. Puukirkko on valmistunut 1689, kymmenkunta vuotta ennen suuria nälkävuosia. Olisiko kirkko jäänyt syntymättä nälän aikana tai sen jälkeen. Hylätty puukirkko oli jo luhistumassa kunnes havahduttiin. Mistähän Sodankylän nimi tulee? Onko sodankylässä sodittu?

Keskiyön Alta

Biologit Esko ja Sakari kokosivat monitieteisen ryhmän. Tutkija Eero esitelmöi Utsjoen Kevolla. Lapin biologi ivaili etelän ruskakiimaisia. Utsjoen kunnanjohtaja komensi seurueen huvilalleen Tenojoen töyräälle, keitti lohisopan, uisteluveneet lipuivat ohitse. Aurinko porotti, oli keskiyö. Mutta alkua tämä vasta oli. Autot kohti Norjaa, Altaa. Oli kiistan kuumin hetki. Altajoella paikalliset kammettiin maahan. Kerrotaan Norjan myöhemmin katuneen joen patoamista, koska se oli turha. Omatunto kolkutti Norjassa. Saamelaisia lepytettiin luomalla käräjät, samediggi. Syntytausta jo vihjaa, että diggit ovat lumetta. Ensin laitostettiin valtio, sitten saamelaisuus, sama kuvio kuin Kemijoen yhtiöinnissä potenssiin kolme. Altajoki meni, mihin meni porot. Moniko tämän päivän eläjistä on nähnyt Altan luonnontilassa, me näimme. Yli jängän, oli keskiyö, jätimme autot maantien varteen, astelimme, yli puuttoman jängän, suoraan kohti, kilometri kilometrin jälkeen, yli jängän. Ja siinä se oli, alas ei uskaltanut katsoa, syvyyttä satoja metrejä. Päätä huimasi, pelotti. Virtaava vesi häämötti kanjonin pohjalla ohuena rihmana.

Kaunispäästä rumapää

Rakennus oli Virkamiesliiton retkeilykeskus. Matalahko, puinen, kodikas retkeilykeskus kurun reunalla. Saattoi olla Saariselän ainoa rakennus. Maantien takana oli metsäntutkimuslaitoksen tukikohta, pystykorva. Retkeilykeskuksen - se oli osuva nimi - meetvurstiaamiaisen voimalla hiihteli rumakurulle tai, jos uskalsi, tunturien yli Laanihoviin. Juuri kun olimme päässeet korkeimmalle kohdalle, puhkeaa lumimyrsky, näkyvyys ja suuntavaisto katoaa, etsiydy siinä perille hoviin. Näin opetti Lappi. Kun myöhemmin lähdin yksin Kiilopään pitkille laduille, tiesin seurata tarkkaan taivaan laitamia, näkyykö tummaa pilveä.

Jokunen vuosikymmen myöhemmin kävelen Saariselkää halki ja ympäri, pitkin poikin, tunnin pari. Kuka tuotakin rakentaa, kuparipalatsi, keille, mihin käyttöön. Yrityksillä Suomen Pankkia myöten on täällä palatsinsa kuin Pietarissa tsaarin aikaan. Hotelliketjuun, jonka omistaa sijoittaja Israelista, törmään kymmeniä ja taas kymmeniä kertoja. Ei mitään häpyä? Tympii. Kuka tämän on sallinut? Inarin kunta, kukapa muukaan, kaavoittaja. Kunnat ovat tyhmiä, kuolkoon kuntahallinto, Inari ja Helsinki.

Kaunispää oli pyöreä laki, katse sinne hakeutui. Nyt huippu täyttyy hökötelmistä, mitä ihmettä ne ovat. Ivalon tietä ajaessa se iskee silmään, todella kummallista, vaikea uskoa. Voiko tuollaista sallia. Ne pilaavat tunturin maiseman. Ajan ylös laelle, tuuli on siepata auton oven vaikka on kirkas keskipäivä. Yltääkö katse Venäjälle? Häämöttääkö lännessä Muotkatunturi, Kaamasen ja Toivoniemen takana. Ylhäältä katsoen Saariselän betonikasauma on kuin kärpäsen jätös erämaassa. Etelästä Kiilopään ja Ahopään suunnalta se vilahtaa vaaelana roskana. Ei luonto tuosta hätkähdä, lopulta se pitää puolensa, hävittää ihmisen jäljet, vajoavat maahan kuin porotilan katonharja tai Khronoksen talo Pöytyällä. Visa Suonpää ja Patrik Söderlund loivat idean, eikä vain ideaa, autiotalosta joka hiljakseen vaipuu luonnon helmaan. Mielessä käväisee kirja Maailma ilman meitä. Putkinotkot palautuvat luonnoksi vailla ihmistä. Saariselän raiteilla vastaan tulee vain koirankusettajia, tuskin kahta enempää, hotellit nuokkuvat vailla asukkaita. Parempaa hetkeä hulluuksien tutkailuun ei ole. Koivut ovat hiirenkorvalla, yhtään itikkaa ei ole. Autiokaupunkeja ei ole vain Kiinassa, siellä niitä onkin tuhansittain, se kuuluu kaupungistumisen megatrendiin, jonka Sitra ja Demos nostavat edistyksen huipuksi. Nuo hökkelit Kaunispään eli nykyisen Rumapään huipulla. Hissit seisoo, Kone jauhaa tyhjää, niin Kiinassa kuin Rumapäälläkin. Tarjontaa on, kysyntää ei. Ei auta Keynesin temput, kertoimilla kierittely.

Hökötelmillä täytetään huiput ja rinteet. On sunnuntai, pystyttäjät eivät ole töissä. Lasikatto, seinätkin lasia. Lasihuoneessa vitivalket lakanat ja pehmeät peitot, ne on aseteltu millintarkasti, vieressä televisio, muuta ei huoneessa ole. Saat valita, katsotko televisiota vai taivaan tulien hulmetta, värien välkettä, Rumapään laella. Lapin rivous äärimmillään. Inarin kunta on syöpäkasvain, etäpesäkkeitä täynnä. Insinöörit ovat maailman synti. Metsähallituksen toiminnasta on tehtävä tarkastus, syväanalyysi. Tikkurilassa röhöttävät pöytien ääressä, kieli pitkällä tulospalkkiota odottavat.

Haltioissaan ovat ministeriöt, temmit, vemmit, Tilastokeskus, Business Finland, Lapin liitto, kuntaväki Inarissa vai Ivalossa missä lie. Lapin matkailulla menee hyvin. Ennätys yöpymisten määrässä. Miltähän Rumakurun latu keväällä näyttää kun tuhannet sinne säntäävät toisiaan tönimään. Elämyskulttuuria tämä on. Barcelonassa, Venetsiassa, Amsterdamissa, Uudessa Seelannissa turisteja estetään jo tulemasta kun ne polkevat jalkoihinsa paikallisen elämän, ihmisen ja luonnon. Lappi on maailman takapajula, jäljessä kaikesta.

Aurora

Valkoinen juova Kiilopään rinteessä tunturin juurelta ylös laelle? Arvasin oikein, vieri viereen aseteltuja muovisäkkejä, kiveä ja soraa, säkki painanee tonnin tai kaks. Kuinka säkit on jyrkkään rinteeseen saatu ja ylös laelle? Helikopterilla? Talvella hankea pitkin? Kuka tuon kustantaa, tämä on ukk-puistoa, valtion hoidossa? Tunturin laelle kiipeää polku, nyt se kivetään, tai kiveys uusitaan. Huono vai hyvä, en ole varma. Pidän luonnon poluista.

Tein ensimmäisen tunturivaellukseni, viisi tuntia siihen meni: Kiilopää yli kiiloään, Luulammelle Rumakuru, Ahopää, Kiilopään tunturipuro. Kodikkain oli polku Rumakurulta Kiilopäälle. Ei keinosoraa. Metrin leveydeltä olivat kasvit pyyhkiytyneet, kulmikas kivikko paljastunut, ihmisten askelmista varmaan. Välillä astelin pehmeikossa, sivummalla. Polku yritti kadota, kiemurteli, piti etsiä. Ahopään rinteellä maisema avartui, Saariselän valkokyhä pilkisti kaukana. Lumipläntteja siellä täällä, kengät kostuivat, liru lirisi, vesi vieri avaruuden reunaa. Miksi nuo tunturipensaat ovat kuolleet? Ai, eivät olekaan. Juuri ja juuri pilkistää vihreä hiirukorva. Hetken ripsii vettä, pieni kuuro, saisi olla isompikin, tekisi hyvää, savusaunan tunturipurossa kastuu muutenkin. Kaukaa taivaanlaelta keksin paikan jossa Kiilopään-Luulammen polku risteää poroaidan. Taivas, käytiinkö me noin korkealla, noin jylhässä paikassa. Sankariksi tässä jo itsensä tuntee.

Tuo aita erottaa kaksi paliskuntaa. Mikä on paliskunta? Miksi sellaiset määriteltiin ja kuka ne määritteli? Saamelaiset menevät halpaan. Hallituskatu huijaa. Aidan tuolla puolen lie Sodankylän, vai Vuotson paliskunta, tällä puolen olisiko Ivalon paliskunta? Kuinka vanha tuo aita on? Kauanko se pysyy pystyssä? Se on tehty aikoinaan tukevasti, harvempi on kuin suomalainen pistoaita jossa riu'ut lepäävät vitsasten varassa vinossa. Joka neljäs pystytukki on tuettu kahdella tai neljällä sivutukilla. Kuinka tukit on tunturiin tuotu? Niitä on mennyt hirveästi, miten pylväät on juntattu maahan, kivikkoon. Kuinka pitkä tuo aita on, mistä se alkaa, mihin se menee? Entä kun aita alkaa kaatuilla? Vieläkö rakennetaan uusi? Saamelaisuus elinkeinoineen on murenemassa, varoiteltiin Inarin saamekonferenssissa, ehkä ei turhaan.

Männikköön poikkesin myös Saariselän betonikylästä, muutama kilsa yön auringossa, sissiupseeri kun olen en käytä kompassia, otan suunnan auringosta (kerran Koivujärven varikon maastossa retkeiltiin olan takaa, joukkue hoidossa). Talvella hiihtolatu menee tuosta, nyt kuravelliä, vaikea päästä yli. Keväällä hotellien kymmenet tuhannet ryntäävät tänne yhtä aikaa, mahtaa olla nautinto, mutta pääasiahan onkin yöpymisten määrä. Kököttävätkö ne hississä. Kunpa kiellettäisiin matkailuelinkeino ja elinkeinomatkailu. Leville minua ei saisi mikään mahti maailman. Bensan polttoa, japanista, kiinasta, briteistä, lennetään, pörrätään, safarioidaan. Tämäkö on modernia, post, superia, hyperiä, immersiä. Minulle kelpaa vesuri ja metsä.

Mikä ihmeen Aurora, viitta lähellä paikkaa jossa aiemmin sijaitsi Saariselän ainoa rakennus, se retkeilyn keskus. En keksi muuta kuin Turun aurora-seuran, tähyilivät suomalaisuuden aurinkoa. Viitasaaren Porthan oli turun tähyäjistä yksi. Porthanin kahvikioskilla Keitelejärven rannassa on kesäisin mukava istahtaa, kerran kesässä munkkikahvit, järvenselän tuulien hulmuta, saariselällä ei hulmua. Mutta mitä täällä aurotaan, mennään katsomaan saariselän auroraa. Oi voi ja voi oi. Ruman kurun rinteeseen on pykätty hirvittävä terassi, ihmisistä se on täystyhjä, en keksi mitä täällä voisi tapahtua, miksi tänne tulisi, suurempaa vastakohtaa kurun rinteeseen ei ihminen kykene keksimään. Ovia tänne ja tuonne, osa lukossa, osa aukeaa. Ainoat olemme. Tätäkö on tunturien maan olemus. Ei, pois täältä. Pöhköksi menee, rumapää, kuru ja terassi.

Kiilopäältä tultaessa polku tipahtaa Luulampeen, nätti, jyrkänteen alla. Jos täällä talvella hiihtäisi, ei huomaisi paikan erikoisuutta. Teksti tuvan seinällä kertoo: täällä viihtyivät muinaisihmiset, ennen saamelaisia asustelleet - hei, saamelaiset eivät siis olekaan alkuperäisiä, meitä on huijattu. Lammen lämpimällä hietikolla muinaiset lepäilivät, mutustivat kalaa tai peuraa, aurinko lämmitti, torkku teki hyvää, suku jatkui.

Ruskakiimaa en kaipaa. Mutta se polku Kiilopään huipulle, se on juostava, suurempi pakkomielle kuin Jäniskosken insinöörillä joka hukkui koskeen. Polulle on palattava. Pääsenkö polun ylös pysähtymättä, millä nopeudella? Kerran Chilessä, Atacaman Kuulaakson hiekkadyynin jyrkällä rinteellä kuvittelin olevani hyväkuntoinen, jalka nousi, näin luulin. Ykskaks' nuorten parvi hulahtaa ohi kuin pääskyt Suomessa. Tätäkö kuntoni olikin. Sepelvaltimovammainenko olen? Tuonne jo katoavat, dyynin laen taa. Ei hätää, he ovat paikallisia, keksin, tottuneet ohueen ilmaan, korkeutta 3,5 kilometriä, heillä keuhkot toimii, veri kiertää, happi kulkee. Suomen matalilta hoikkasoilta tulleella on raskajalka, tahmasydän. Kiilopäällä sen vielä testaan.

Jälkeä ei jätetty

Porot ja ihmiset vaelsivat yhdessä. Jälkeä tunturiin ei jätetä. Se oli kiertotaloutta ennen EU-hehkutusta. Onko tieteellä kyky havaita poronhoidon etiikkaa? Luonnontieteellä ei ole sosiaalisen tajua, ei moraalia.

Ympäristöongelmat ratkaistaan kaupungeissa, hokee sitra, demos, hypo, helsingin johtajisto, kaikki. Mikä on väittämän logiikka ja totuusarvo? Tunturiin ei jätetty jälkeä, Helsinkiin sitäkin enemmän. Kaupungit ovat jälkiä maapallon pinnassa. Jos tuosta jäljestä prosentti imetään jotenkin pois, se näyttäytyy suurena ympäristötekona. Tämä on kehälogiikkaa, alkuperäiset premissit ovat hävinneet. Tämänkö vuoksi sanaa alkuperä ei saisi käyttää, historia halutaan häivyttää. Historian tajun tilalle tungetaan ilmiöt. Ilmiöksi kelpaa mikä vaan. Hallitus kootaan ilmiölähtöisesti, kuka tuon sanan heille syötti. Syyketjujen peittelyä, vertailukohtien häivyttämistä, tiedepesua, narsismia, epätotta.

Poronhoitajat pitivät tunturin siistinä, järvet kalaisina. Dokumentaatiota sellaisesta ei jäänyt. Näytön puuttuessa ne elämänmuodot on helppo unohduttaa. Tiede ja valta vetäytyy dokumentaatiopuutteen taa, pelaa ilmiöillä. Tiedettä se ei ole.

Maantiellä Rovaniemen ja Ivarin välillä tulee vastaan rekkoja. Mitä ne kuskaavat, mistä mihin? Loputon rekkaralli saariselkä-kiimaisten ruokkimiseksi. Tuovatko ne Norjan punavärjättyä lohta Helsingin kauppoihin ja ravintoloihin. Vai kalanperkeitä minkeille ja ketuille. Vai Petsamon malmia kännyköihin. Inarin konferenssissa tenojokinen kertoi ettei Tenon lohen kalastus enää elätä, paremmin hankkii kaupan kassana. Syy on Norjasta kuskattava keinovärilohi. Oi nouse suomi, katso korkealle, sinun päiväs koittaa. Enää en osta Norjan lohta Helsingin kaupoista.

Sajos ja Siida

Sajos, saamen kulttuurikeskus, on hyvää arkkitehtuuria. Juutuanjoen partaalle se istuu kauniisti, ei röyhistele, sulautuu mäntyihin. Joki näkyy ikkunasta, varvikko on aito. Matala, puinen ja tummaksi petsattu, sisätilat houkuttaa liikkumaan, ehdin kurkistaa pyhimpään eli diggi-saliin ennen kuin ovi lukittiin.

15 miljoonaa kerrotaan Sajoksen maksaneen, EU:lta 5 miljoonaa. Paljonko maksoi Helsingin Löyly? Puuta sekin on, matala vinokas, mutta miksi se polttaa uuneissaan puuta vaikka EU sellaisen kieltää, ei hiukkasia saa päästellä, hiukkasia Eiran hienostolle. EU:n ympäristösään-

nöt ei koske jaspereita. Löyly ei olekaan löyly vaan ravintola, johon tullaan Espoon Tapiolasta puettuna, kengissä korkoa 15 senttiä, olka pilkistää. Kympin olutta en osta. Omistaja, vihreä vaatii palkkoja mataliksi jotta yrittäjä voi investoida. Kumpi on vihreää, helsingin vartius vai juutuan sajos?

Siida-museon perusnäyttelyn sanotaan herättävän moitteita, painottaa liikaa porosaamelaisuutta.

Vertaapa Sajosta ja Siidaa Saariselkään. Pömpöösejä lomaosakkeita kaupitellaan. Eroon niistä ei pääse mutta maksut juoksee. Holiday Club -taloja tulee vastaan kymmeniä tai satoja, onko edes miljoona kelohonkaa riittänyt, mistä ihmeestä ne on kaadettu, millä oikeudella, metsähallitusko niitä tyrkyttää, millä oikeudella? Suomi on mielivallan maa. Mielivaltaiset istuvat Engelin talossa Senaatintorin laidalla, Tikkurilan salongeissa ja Ivalon kuntapytingeissä. Inarin kunta tämän mahdollistaa, kaava kaavan päälle, toista toisen alle. Etelän lehdissä metsähallitus kehuu. Metsähallitus on korkea aika lakkauttaa.

Mikä on valtio?

Saamehallinto ei syntynyt alhaalta, ei kansanliikkeenä, ei kapinan tuloksena. Kautokeinon kapina 1851 murskattiin ja kapinajohtajat hirtettiin, hirtettiin oikeasti. Saamehallinto on luotu ja tuotu ylhäältä. Samalla tavalla Suomen valtio ja hallinto syntyi yläluokan hankkeena, liikemiesten tarpeisiin: oma raha, elinkeinovapaus, metsälaki. Nimikkeitä he osaavat keksiä: demokratia, hyvinvointivaltio, oikeusvaltio, elintaso, onnellisuus.

Norjassa saamekäräjien perustaminen oli huonon omantunnon peittelyä Altajoen tuhoamisesta. Suomessa valtio käyttää Lapin vesistöjä ja metsiä kuin Norja Altajoen tuhottuja syvänteitä. Rataa, tuulimyllyä, sähkölinjaa. Ihmismielet ohjataan oheiskanaviin: äänestä, edustajat, luvat, anomiset, apurahat, riippuvuus.

Mikä on tieteen, valtiotieteen, politiikan tutkimuksen anti? Tiede on vallan puolella. Tiede on korruptoitu ja korruptoitunut. Lisää anomuksia Akatemialle.

Mikä on valtio. Nykyvaltio on rajaava ja ulossulkeva. Valtion on aika muuttua twitterin kaltaiseksi, ei rajoja, kaikilla vapaa pääsy, vapaa puheoikeus. Twitterin yläluokka plokkaa, tottakai, ja sulkee rahvaan ulos keskusteluistaan. Olkoon se heidän häpeänsä.

Ovatko asunto-osakeyhtiöt petosten alusta?

Osakeyhtiössä osakkaan vastuu rajoittuu sijoittamaansa pääomaan. Hän voi menettää sen, ei muuta. Asunto-osakeyhtiössä jokainen osakas, yksin tai yhdessä on vastuussa asunto-osakeyhtiön kaikista veloista. Jos on ostanut asunnon hallintaan oikeuttavat osakkeet 200 000 eurolla ja asuntoyhtiöllä on yhtiövelkaa 2 000 000 euroa ja jos kaikki muut osakkaat jättävät lyhentämättä heille jyvitetyn velkaosuuden, niin joutuuko 200 000 euron asuntoa hallitseva joutuu maksamaan ääritapauksessa peräti kaikki yhtiövelat, tässä esimerkissä 10 kertaa sijoittamansa pääoman verran?

Asunto-osakeyhtiössä velkavastuu ja riski on kollektivoitu kaikille yhteisesti ja jokaiselle erikseen. Rakennusyhtiöt ja kunnat ovat tietoisesti käyttäneet tilannetta hyväkseen. Rakennusyhtiö saa asunnot helpommin kaupaksi ja kaupunki saa verojen maksajia.

Kysymys on laajakantoinen. Siihen liittyy Euroopan velkakriisi ja EKP:n rahapolitiikka, ns. määrällinen elvytys, rahan luonti ja jako tyhjästä. Kunnat rahastavat kaavoitusoikeudella, vaikka kaavoitus on julkista valtaa, ei yksityinen eikä kunnallinen bisnes. EKP:n markkinoille suoltaman velan rakennusliikkeet upottavat asunto-osakeyhtiöihin yhtiövelaksi. Asuntojen yksityiset ostajat joutuvat asiaa tajuamatta kollektiivisen riskin kantajiksi, vastuullisiksi asuntoyhtiön kaikista veloista. Tämä on riskien piiloyksityistämistä. Tällainen menettely on osapuolen tietämättömyyden hyväksikäyttöä, petos. Onko osakkaalla vilpittömän mielen suoja? Onko osakkaan vastuu erilainen osakeyhtiössä ja asunto-osakeyhtiössä? Yhdenvertaisuuslaki? Taloustieteilijäin oletus osapuolten yhtäläisestä markkinainformaatiosta on epätotta. Syyllistyvätkö julkinen valta, valtio, kunnat, rakennusyhtiöt, tieteilijät, ekonomistit petoksen hyväksikäyttöön ja peittelyyn?

Yhteenvetoa - mitä löysimme

Millaisia ajatusvirikkeitä löysimme matkalta Lappiin, tuntureille, saamenmaalle.

- Omaan lähiympäristöön - tietämys, tiede, uskomukset, tavat, politiikka - sokaistuu. On astuttava ulos, toisaalle, nähtävä maailma muualta käsin.
- Kieleen ja sanastoon tieteessä, politiikassa ja hallinnossa on suhtauduttava varauksellisesti.
- Maailman rajauksia on kavahdettava. Erottelut mm. valtioiden rajat tai olettamus kansakunnista ovat teennäisiä ja haitallisia.
- Kierron käsite on moninainen: vaellus, jäljettömyys, keveys, aineiden kierrot, typen kierto, poro, naava. Pohjoinen ekologia ja helsinkiläispurkittaminen ovat vastakohtia.
- Luontokansojen elämäntapa ja ekologia hahmot-

taa ilmastopuhuntaa uusiksi.

- Oikeusajattelu, oikeuksien ja vastuiden syväkenne odottaa paneutumista. Kollektiivinen - yksilöperusteinen. Konkreetti - abstrakti.
- Vesistö on pääsääntöisesti pyhä. Minkään valtion oikeus ei oikeuta pyhyyttä rikkomaan.
- Valtiota koskeva ymmärrys on pinnallista. Luontokansojen näkökulmat haastavat valtio-käsitteen, valtakäytännöt ja valtiotieteen.
- Populismitutkimuksen ja politiikan tutkimuksen lukkiumat ja harhat. Syyllistämisen harha.
- Instituutioanalyysin olemattomuus nykytieteessä. Ulossulkevuus / sisäänottavuus. Instituutioihin kiinnittyvät intressit.
- Kolonialismin historian ja nykykolonialismin rinnasteisuus.
- Arroganssi vai nöyryys. Armollisuus.
- Itsetunto.

Lähteitä ja aineistoa

Saamentutkimus tänään. SKS 2011.

Tero Mustonen (2012): Kohti saamelaistutkimuksen uutta tulkintakehystä. Teoksessa Saamenmaa.

Saamenmaa. Kulttuuritieteellisiä näkökulmia. Kalevalaseuran vuosikirja 2012.

Lappi palaa sodasta. Vastapaino 2018. (Lapin yliopisto)

Pontus Purokuru & Anton Monti: 1968. Vallankumouksen vuosi. S&S 2018.

Juhani Kahelin (2018): Virtavesien Suomi.
http://www.essee.net/VirtavesienSuomi.html

Elokuvat Saamelaisveri, Maan sisällä linnut ja Kautokeinon kapina.

Matka halki itäisen Suomen 2019

Vuoden sisällä tämä oli toinen matkani läpi Suomen. Toukokuussa 2018 kääntöpisteenä oli Inarin Sajos, Kaamanen ja Toivoniemi. Niemeen olin osunut sattumalta mutta tuskin maltoin pois lähteä.

Kesäkuussa 2019 kuljin läpi Suomen itärajaa sivuten. Kääntöpisteenä oli Inarin Kiilopää, tunturin ylimmäinen laki sekä Niilanpää, luhistunut poroerotteluaitaus Sodankylän suuntaan viettävällä Kiilopään rinteellä.

Hyytävä viima tunturin kupeelta sekä räntää lähentelevä kesäkuinen tihku esti ensikertalaisen - en tarkoita itseäni - jatkamasta Rautulammen palaneelle majalle. Kuka tuon majan poltti, huolimaton kävijäkö, joutaisi maksaa omistaan. Metsähallitus, mitä teet, rakennatko uuden? Lättyjä hotellin kammissa päivän päätteeksi paistava opas kertoi että Rautulammelle ei voida vetää edes hiihtolatua koska ei ole majaakaan. Tunturipolulla oli päivällä tullut vastaan monikymmeninen rippikoululaisten joukko, punaposkinen isostyttö jonon edessä tervehti iloisesti. Kylmästä ja märästä hytisten rippiläiset olivat taivaltaneet kohti Rautulammen majaa päästäkseen lämmittelemään. Vihdoin päästään majalle tulen ääreen, olivat jo iloinneet.

Sittemmin hotellilla käydessään rippinuoret rukoilivat: "emmekö voisi jäädä tänne, pitääkö vihlovaan viimaan taas lähteä". Isoset olivat tiukkana. Näin karaistuu nuori, eikä siihen Lapin sotaa tarvita. Mutta se luhistunut poroerotteluaitaus Niilanpää, opaskartta kutsuu sitä nuotiopaikaksi, ensin luulin sitä tunturihöppänän kyhäelmäksi, kunnes tunnistin muodon. Mieltä alentava näky, hylätty ja vajonnut. Missähän porot nyt erotellaan, tai vieläkö niitä erotellaan? Pitääkö poro omistaa? Pitääkö maailmaa omistaa? Joskus porot olivat vapaita peuroja. Poroiksi jouduttuaan niitä hoidettiin yhteisenä laumana. Kiilopään pohjoisrinteen yli kulkee poroaita. Siinä onkin ihmettelemistä. Vieläkö aita on alkuperäisessä käytössä? Paliskunta täällä, toinen tuolla, Ivalo, Vuotso, mikä lie kenenkin nimi. Paliskunnan sisällä tämä on minun, tuo on sinun, viuhuu lasso, kaatuu poro. Suomalainen tilallisyhteiskunta tuhosi saamelaisen poroyhteisyyden. Tila olla pitää, porotila, viimeistään Vuotson männiköissä, täällä tunturiaavoilla tila ei taivu tiloiksi, onneksi. Ministeriön pytinki Helsingin Hallituskadulla joutaa purkaa, en usko heidän puheitaan, lipevää lipumista. Pyykki tähän, pyykki tuohon, minun, sinun. Elämä muuttui jököttämiseksi jollaista se on koko Suomessa, onnellisten maassa. Tuo poroaita, Kiilopäätä viistäen, milloin se on tehty, kauanko se pysyy pystyssä, kallistelee jo. Entä jos se kaatuu, rakennetaanko uusi, ketkä rakentaa? Ihmettelen miten aita on saatu tehtyä, hirvittävä määrä monimetrisiä pölkkyjä, mistä ne on tuotu, miten saatu tunturiin, juntattu pystyyn kivikkoiseen maahan, pölkkyjä on tuhansia ja tuhansia, joka neljäs pystypylväs on tuettu vinoilla sivupölkyillä. Kesäaikaan tuo on pitänyt tehdä, mutta se kivikko, tuskin siihen pystyy edes rautakanki, mikä sitten? Niilanpään poroerottelun alakulossa mietin erotteluväkeä, oliko mukana lapsia, naisia, olivatko he täällä talvella, vai keväällä, pakkasessa, viimassa, rännän räätäminä? Eikö heille tullut kylmä? Mitä he panivat evääksi? Liikkuivatko hiihtäen vai poronpulkalla, ennen moottorien pärinää. Ja mihin täältä menivät? Tulee mieleen Saamelaisveri-elokuvan Elle Marja joka aikuisena kieltäytyi lähtemästä moottorikelkkameluajien kyydissä tunturiin, hänessä on pään pystyyttä.

Oi ei.

Piti kirjoittaa matkasta läpi itäisen Suomen. Tunturi vei mieleni, solkenaan juoksi ajatusten virta. Nyt on mieli lukittava, alkumetreille palattava.

Havaintoja ja ajatelmia, tulkoot vapaasti, hyppikööt, kuka minua kieltäisi. Sanon tai jätän, tämän tai tuon. Mielen vapaus on parempi kuin lukitut sanat. En ole eduskunnan tarkastusviraston virkamies (kuten kerran) enkä Helsingin yliopiston tohtori joka kirjoittaa kuten käsketty on. Kirjoitan näin tai näin, tästä tai mistä, saatte pahastua, sanan vartijat, twitterin plokkaajat, akatemiain lukutaitoiset, kuhmon kunttaajat.

Olisinpa Cervantes

Miten kirjoittaisin. Havainnot tulevat ulkoa, mutta niitä muokkaa pään sisus - ajatelmia, kuvia, mielikuvia. Yksi on varma: en sorru annettuun kieleen, sanoihinne, en vaikka Akatemia tiedon lukutaitoa opettaakin. En tarvitse taitoanne, muokkaan tietoni itse. Teoriat ja logiat taivaalle. Olen lockelainen, brahelainen, empiristi, havainnoin, silmiä en sulje. Olisinpa Cervantes, qihote, murskaan myllynne, pirttikosken insinöörit, te jotka maan ja kosken vangitsitte, piilotitte, varastitte. On meidän vuoro ottaa kiinni tuuli, lentää tuulen mukana, kaukana siintää tunturi, toivomme maa, toivoniemi.

Aiemmin kirjoitin Kaamasen perukoille yltäneestä matkasta, vaatimattomuuttani rinnastin itseni edeltäjiini. Mainitsin Rooman Tacituksen, Ruotsin Linne'n, muutaman muun. Nyt mainitsen vain yhden. Yhden siksi että hänet löydettyäni en enää muita kaipaa. Hän on Edward Daniel Clarke, hänestä tuli Cambridgen yliopiston professori. Vuonna 1799 hän lähti hevosen, välillä lehmänkin kyydissä matkalle Ruotsin, Lapin ja Suomen perukoille. Clarken muistiinpanoista on koottu kirja Matka Lapin perukoille 1799. Clarken tavoin lähdemme mekin matkalle läpi Suomen.

Alkumatkasta Clarken mukana oli, arvatkaapa. Väestötieteilijä Thomas Malthus. Malthus tarvitsi lisää tilastoja, mistäpä niitä löytyy ellei Ruotsista ja Lapista. Clarken kerrotaan arvostaneen Porthania ja Franzenia, suomalaisten parasta runoilijaa. Huipputieteen ja -taiteen seurassa siis ollaan - tämä tiedoksi Suomen Akatemialle. Clarkea kiinnosti kaikki, avara luonto ilmiöineen, kivineen ja kasvineen. Mutta Malthuksella oli liikaa lyijyä suonissaan, luopui matkasta Lappiin ja tyytyi reissaamaan Suomen halki Pietariin. Malthus Suomessa, tiesittekö tämän. Ei Juha Hurmeen Niemi turha paikka ole. Tiedemiehet täällä muinoin liikkuivat, tuskin enää, koska älyn vapaus on tukahdutettu, ajettu ulos maasta tai masennettu. Kävijöitä todella oli: maapallon mittaaja Maupertius, Acerbi, Linne, Lönnrot, I. K. Inha. Descartes uskaltautui vain Tukholmaan siellä kuollakseen. Unohtaa ei pidä kirjamessujen Kati Rapiaa joka Pohjolan renessanssihengestä Sigfrid Aronius Forsiuksesta hurmaantuneena kulki poron perässä samat jäljet yli tuntureiden. Emme unohda elokuvien hohtoa: Maan sisällä linnut, Koutokeinon kapina, Saamelaisveri. Elle Marjan pystypäisyys ja itsetietoisuus - mielen tenhoa oi.

Todellakin - itsetietoisuus. Siitä teemme kirjamme johtotähden. Ei meitä nujerreta, ei Lokan hukuttajat, ei insinöörit veden vankaajat, ihmisten ulosajajat. Vuoro vaihtuu. Nousee kansa, popula. Meitä ei populisteiksi haukuta, tai jos haukutte, oma on häpeänne.

Lähdemme matkalle läpi Suomen. Jätämme akatemiat ja yliopistot, kaikkoamme masentajat.

Emme kirjoita vain siitä mitä näemme. Kirjoitamme tarinasta jota meille syötetään. Suomi on menestystarina, hokevat tosentit, ministerit ja media. Kenen menestys? Mikä menestys? Tarinoilla ei ole häpyä ei rajaa. Ne ovat vallasten tarinoita, ahneutensa peitoksi rakentamia, röyhkeitä, alistavia, vaientavia, valheellisia. Suomelle on keksittävä uusi tarina, ylvästeli Pekka Haavisto yliopistolla. Ei, ei tarvita. Kansalliset tarinat ovat vallasvaltaa. Pitäkää tarinanne, vanhat ja uudet. Me kirjoitamme omamme.

Sellumyllyä koko Itä-Suomi

1000 kilometriä Helsingistä Kiilopäälle, ehkä yli. Ylisuoritus kelle tahansa. Siksi istumme junaan. Juna vie Joensuuhun. Siellä odottaa auto ja ajuri, ei hevonen ja lehmä kuten Clarkella.

Näkyisikö Svetogorskin piippu. Maantietä ajattessa se vilahtaa. Sodanaikaisessa kartassa Suomi ulottuu Vienanmerelle, Jäämerelle, ei vain Petsamon kautta vaan alempaakin. Oli siinä fennien merimahtia kerrakseen. Suomi pani matalaksi Neuvostoliiton. Moniko nuori vaipui maahan, valutti veren, huusi tuskaa. Mikkelin majassa maistui konjakki, tänään siellä seminaroidaan, Ohisalosta alkaen. Sellutehdas ja kosket jäivät rajan taa. Tästä alkoi jatkosota, ei Neuvostoliittoa vastaan vaan oman maan vähäoloisia vastaan. Se sota jatkuu tänään. Suomen vesistöjen systeeminen tuho: Kemijoki, Isohaara, Oulujoki, Paatsjoki, muut. Sota jatkuu ja kiihtyy: Kemijoen ja monen joen vähäisinkin koski on uomattava, padottava, vangittava. Sierilälle Kemijoessa antoi vesilain mukaisen luvan Korkein hallinto-oikeus KHO. Kehitysmaatutkija Markus Kröger kertoi Tiedekulmassa että Intiassa tällainen luparäiskintä ei mene enää läpi. Paikallinen väestö sanoo että kyse on pyhyydestä, heidän pyhästään, joki on pyhä. Sinne ei valtion lait ja talouseliitin tuomarit lupia räiski. Intressivertailunne täällä Suomessa on valhetta, oikeus Suomessa on vääryyttä ja valhetta. Oikeuslaitos

Suomessa on politiikanteon pääfoorumi. Kemijoki oli pyhä. Yleinen etu sallii Sierilän rakentamisen, puhui ministeri Paatero, ministeri joka erotettiin ja taas valittiin. Kun on riittävän epäpyhä, saa sanoa mitä tahansa, ministerit. Voiko jokivesistö olla osakeyhtiö, tai yhtiön yhtiö. Huijaritempuista suomenmaalla kertoi jo Clarke vuonna 1799 (alempana).

Itäinen Suomi, metsää, puuta, ei juuri muuta. Alue on kertaalleen, ehkä moneen kertaan hakattua, jäljellä mäntyriukua. Puusto ei vaikuta erityisen nopeakasvuiselta, kumma kyllä. Joensuuta lähestyttäessä on jokunen tiheä kuusikko. Pyyhälletään Pyhäselän läpi, mielessä käy Vuoden Professori 2019, asuu Pyhäselässä, sai Euroopan tiedeneuvostolta (ERC) hitusrahan, äänimaiseman tutkimiseen, poliittisesti riittävän vaaraton aihe, eräs toinen tutkii mummohypoteesia, ei vaaranna ministerin postia sekään, tätä on Euroopan huipputiede, European Research Council kautta EU. Pyhäselän nainen kritisoi tieteen keskittämistä Helsinkiin mutta kuka siitä välittää, se kuuluu taktiikkaan.

Vastaan tulee pitkiä puutavarajunia. Samaan aikaan Yle kertoo kuinka puun tuonti Venäjältä on kasvanut. Radan varressa on puupinoja, joilla ei alkua ei loppua. Puukuorman nähdessäni mietin mistä puu tulee, mihin on menossa. Lappeenrannassa savuttaa UPM:n Kaukas, MetsäFibren havusellu Joutsenossa, kummitusmaiset tehtaat, Imatran Kaukopäässä Suomen leuhkimmat savuttajat, Ristiinassa toinen UPM, Enon Uimaharjussa Enson sellumylly, mikä jäi pois. Lännempänä Varkaus jonka puupinoja vasten kerran ammuttiin rivissä seisotettuja rahvaan ihmisiä. Jauhetaanko Itä-Suomi selluksi. Missä ovat järeät tukit, kirkkohirret, sahat, puutuotteet, ikkunat, ovet, palkit, takstuolit, puutaide, metsätaide? Sellumyllyä koko Itä-Suomi. Ei ole jaloa. Itäistä Suomea leimaa alakulo, kuitutus ja kuihdutus. Kuitupuusta ei väestölle tuloa kerry. Sen näkee. Maantien varret ovat täynnä suljettuja viritelmiä, hupikeskuksia, hupaisia nimiä on ollu. Ennen rajan sulkeutumista alue oli ehkä Suomen eloisin, ties vaurain, oli Viipuri, Pietari, Venäjä, keisari purjehdutti naisensa Kotkaan, Imatralle tai Punkaharjulle. Saimaa työnsi, Laatokka imi. Nyt on vain Saimi.

Sotakiihkoilun takia ei mennyt vain Karjala, meni myös itäinen Suomi. Tänään se on hämähäkkien maa, Kerimäen Herttua suljettiin, komea hirsimaja. Matkan eetessä ylemmäs ohitamme Kuusamossa Pölkyn, lie Suomen suurin yksityinen saha, vai onko se Keitele Forest? Keiteleen viitta vilahtaa Kemijärvellä. Keiteleet ja Pölkyt tekevät sen mitä yliopiston tiedeviisaat ja Kuvalehden pilkkaajat eivät tiedä: säilövät hirren ja hiilen. Keiteleen palkit pelastavat maailman ja ihmiskunnan. Ilmankos minutkin Keiteleen savusaunassa synnytettiin, järven rannalla, järven jonka pilasivat kutsetin ja kymin pakko-ojittajat 1960-luvulla, nyt ahvenjärvi kasvaa umpeen, asia ei liikuta Sitraa, ei pantsareita, ei Helsingin tai Jyväskylän ekologeja, joka paikan panelisteja, ollikaisia, kaiken tietäjiä, naamalle naurajia. Päällenne langetkoon ikuinen viha.

Joensuussa oli ennen Penttilän saha, joen vastarannalla, trasteveressä kuten Tiberin rannalla sanottaisiin. Omavaltainen kaupunki - sellaisia ovat kaikki kaupungit - rakennutti tilalle kerrostaloja, kliinisyydessään niin kolkon alueen että sinne en astu. Tuota puukerrostaloa kehuvat Suomen korkeimmaksi. Mikähän talossa on puun mikä muun osuus, tarkkuutta puheisiin. Käykö kuten Helsingin Jätkäsaaressa, vesi valuu ja seinät velloo, home haisee, ilma ei kierrä vaikka merituuli puhaltaa vieressä, sisäilma karkottaa asukkaat. Voisiko talo roihahtaa kuten tornitalo Lontoossa?

Joensuun tori oli ennen avara kenttä. Näenkö nyt oikein, torin läpi sen keskeltä on vedetty autokatu. Halkaistulle torille en mene. Joensuun yksitotista ruutukaavaa moitin jo aiemmin, ei ole kaupungissa broadwaytä, ei risteilevää polkua. Kaupunkisuunnittelu puuduttaa, tylsyttää, ei vain Helsingissä ja Rovaniemellä.

Keksitäänkö Itä-Suomessa uutta?

Kajaanin tien varressa viitta ampumahiihtopaikalle. Kuinkahan ulkomaan ampujat tänne tulonsa kokevat, lentäen he tulevat, kaupungin toiselle reunalle. Tämä metsäräsy tuskin mieltä kohottaa, kuoppaa ja pohjaa. Tämä on Kontiolahtea. Olikohan täällä kontioita muinoin, tai tänään. Ennen Höytiäisen karkuuttamista Kontion maa lie ollut piskuinen, järven pinta laski 8 metriä. On mutakkoa syntynyt, lintukosteikkoa. Ekologinen innovaatio, keksiikö yliopiston Helsus parempaa.

Viitta Kolille on harhauttava, ohjaa tuuhealle pikku-
tielle. Sellupuuta pinotaan täällä urakalla, ehkä Ensolle
Enoon. Ukko-Koli on rumasti rakennettu, betonilinnake
peittää maiseman, täällä ovat ylvästelleet Gallen-Kallelat
ja muut, suomen tarinoijat. Metsäakatemiat pitävät se-
minaareja. Kallion laelta Pielinen näyttää pieneltä, miltei
lätäköltä, Lieksaa tai Nurmesta ei näy, katoavat metsään.
Lieksassa Joensuun yliopisto pari tutkijaa innostaa so-
maliväkeä, esitelmä oli Tieteenpäivien parhaita, sepä oli-
kin tykobrahen matalaa metodia, toista kuin Helsingin
valtioprofessorit ja akatemiatutkijat. Kansalliseksi sanot-
tu Kolin maisema ei minua kiinnosta, en ole kansallinen,
minua ei ole osallistettu. Twitterissä kansanryhmiä pan-
naan halvalla. Kainuulaiset ovat perseestä, kirjoitti Min-
na Canth -seuran palkitsema, valtakunnan syyttäjä ei ole
huomaavinaan. Oikeuslaitos, politiikanteon pääfoorumi
Suomessa.

Nurmeksen lähettyvillä yllättävän vauraan näköistä.
Hyvin hoidettuja maatiloja, isoja ja pieniä, kauniita piha-
piirejä, huolella hoidettuja peltoja. Mikä tätä aluetta vau-
rastuttaa? Siellä täällä keltaisia peltoja? Kasvaako täällä
öljykasvi, rypsi? Myös Lapista löytyi keltaisia peltoja, Su-
vannon kylässä entisen Kitisen varrella, siellä värin antoi
kullero.

Tienvarren viitassa lukee Rasinmäki. Moniko panee
merkille pienet vihjeet? Rasi, eikö se tarkoita kaskea.
Täällä on kaskettu, ensin kaadettu, annettu kuivua ja sit-
ten poltettu. Raatajat rahanalaiset, vaikka eihän siihen

aikaan rahaa ollut, puhuvat puuta heinää. Ravitsevaan tuhkaan kylvettiin naurista, ehkä viljaa. Kaskettiinko ennen 1868 nälkävuosia vai vasta sen jälkeen? Mitähän kaskimaat tänään kasvavat, koivua? Tuuhettuu, kuusettuu, aukottuu vai vesottuu Karjalan koivikot?

Rasi-vihjeestä mieli rientää toiseen, lappi-alkuisiin. Lähes koko nykyinen Suomi oli aikoinaan saamelaisten asuttama: lapinjärvi, pyhäjärvi (pyhä!), lapinniemi, lapinlahti, Helsingin ytimessä lapinrinne, lappakylä. Suomalainen valtakulttuuri työnsi saamelaiset pohjoiseen kuten valkoinen valta työnsi ja surmasi amerikan intiaanit. Tammikuussa 2020 Ruotsin oikeus katsoo palkisen väellä olevan yksinoikeus paikalliseen metsästykseen ja kalastukseen. Oddasat kertoo kuinka vallasväen piirissä ryöppyää vihanaalto oikeuden päätöstä ja saamelaisia kohtaan.

Itäisen Suomen pientilakulttuuri tuhottiin

Harjaantunut katseeni panee merkille jokaisen metsitetyn pellon. Itäisen Suomen pientilakulttuuri tuhottiin, kansanihmisiä höynäytettiin. Istutuskoivikoista ei silloiset istuttajat saaneet yhtään mitään, itikoita sitäkin enemmän. Tuskin saa seuraavakaan sukupolvi. Aiemmin avara Suomi on nyt itikkakorpea, pusikkoa ja koivunrääppää. Jos noita rääppiä joskus myy, saatko niistä tuloa? Naurettavaa. Sellufirmat, ensot, upm, fibre vievät ne käytännössä ilmaiseksi. Sellupuun hinta on alle 30 euroa

/ motti. 70 vuotta kasvatat ja odotat, osan ajasta kummun alla, yhdellä kiintomotilla saat korin kaljaa. Pilkkahinta, mutta mikä oli uhraus, aiempien sukupolvien elämäntöiden systemaattinen tuho ja pilkka.

Jos myyt räippäkoivut tai pikkutukit muutamalta hehtaarilta, voit saada 10 000 euroa, siitä pois vero joka on 30 %. Metsä pitää myös uudistaa, kustannus lie tuhat tai kaksi tuhatta euroa hehtaarilta. Moninkertaisen rahamäärän saa Rinteen tai Marinin hallituksen jokainen valtiosihteeri kerran kuukaudessa. 70 vuodessa (koivun kasvatusaika) yhden valtiosihteerin palkoista kertyy 8,5 miljoonaa euroa. Paljonko tuossa ajassa hankit koivuillasi: 10 000 euroa, siitä pois myyntivero sekä uuden metsän perustamis- ja hoitokulut. Käytännössä nollatulos valtiosihteerin 8,5 miljoonaa vastaan. Tätäkö on Marinin ja Ohisalon oikeudenmukaisuus?

Sielunvoimia on ennenkin poljettu lokaan. Clarke kertoo esimerkin ajalta 1799:

"Lapin tietäjät ja noidat ovat sen taidon aina hallinneet ja he näyttävät pitäneen tuon salaisuuden itsellään. Jumal'rumpua lyötäessä pidettiin rumpukalvon alla pientä magneettista raudanpalasta liikuttamassa sen pinnalle asetettua neulaa, jonka noita näin halutessaan sai pysähtymään tietyn kuvion kohdalle, lausuakseen sitten ennustuksensa sen mukaisesti. Monia paljon alkeellisimpiakin temppuja on käytetty keräämään kansan hyvyydet röyhkeän papiston käsiin, esimerkiksi polkemalla lokaan jalommat sielunvoimat ja nostamalla sitten tyhmyys tyrannin istuimelle."

Tyhmyys tyrannin istuimelle. Siinä on Suomen menestystarina.

Lapissa tuhannen kilometrin matkalla näin yhden metsitetyn pellon. Lapin asujat, onnittelen teitä. Ette menneet halpaan. Ehkä siihen on luonteva syy: puu kasvaa Lapissa hitaammin ja puun hinta on vieläkin alempi kuin etelämpänä. Kasvata ja odota siinä koivujesi lihomista 70 vuotta.

Tänään hoetaan: metsittäkää. Älkää metsittäkö. Lopettakaa entisetkin. Palauttakaa edeltävien sukupolvien elämäntyön arvo: avarat pellot ja taivaan sini, järvien välke ja ahvenen kutu.

Enson pääjohtaja Karvinen ja vihreä ministeri

Ohi vilahtaa Sotkamo. Jossain oli viitta Kuhmoon, noinko lyhyt matka. Olikohan kunnanjohtaja Määttä tosissaan kun vihjasi Keskustan puheenjohtajuudesta? Helsingissä Sotkamo Silver houkutteli piensijoittajia. Ajelin tilaisuuteen jalkapyörällä baanaa pitkin, join kahvit, kuuntelin takapenkissä ja lähtiessä nappasin Kauppalehden. Täytyyhän liike-elämän pyöriä. Onko Silver suomalainen, ei taida. Kajaanissa virran äärellä pohdin, eikö Sotkamon nikkelialtaiden vaikutus näy Oulujärvellä ja Oulujoella.

Kajaanissa oli sellutehdas, Kajaani Oy. UPM sen osti ja tuota pikaa sulki. Niin kävi Kemijärvelläkin, Enso osti ja sulki, pääjohtaja Karvinen asui Lontoossa, oli suuren maailman elkeet. Oppinsa hän imi edeltäjältään Jukka

Härmälältä joka kadotti 5 miljardia Amerikan ostoksiin, kuvitteli itsensä lännen leffan sheriffiksi. Firma meni alta, ruotsin Stora haaroitti. Kemijärvellä Karvinen yritti estää tehtaan uudelleen syntymisen. Nousta se silti voi. Joensuun vihreä ministeri Mikkonen ja Korkein Hallinto-oikeus KHO tekevät kaikkensa ns. syrjäseutujen alasajamiseksi. Joet putkeen, metsät mädiksi. Ei haittaa vaikka Kaukopään savutupru yltäisi ministerin kotiseudulle Joensuuhun. Oikeus on niinkuin se luetaan.

Suomen luonto on röykkiö yhtiöitä, käskyvalta rikkailla

Kaukopään savutuprun tienoille on pystytetty viuhujia. Yritän laskea lukumäärää, huonosti näkyy, ehkä toistakymmentä. Osa niistä seisoo aina, monesti kaikki, eli eivät viuhu. Saimaa, tuulisaimaa, yhtiö kuten Kemijoki tai Oulujoki. Suomen luonto ei ole luonto vaan röykkiö yhtiöitä. Sosiaalista muotoilua tämäkin. Yhtiöissä käskyvalta on rikkailla. Demokratian kierros umpeutuu: ennen valta ja äänioikeus oli varakkailla (aatelisto, linnanherrat). Äänioikeuden myötä vallan väitettiin muuntuneen yhtäläiseksi. Kaikkea ei pidä uskoa, tarinansa kullakin. Tänään valta palaa uusille linnanherroille, yhtiöille. Luonto läänitetään yhtiöille kuten mannut, vedet ja kalat 1600-luvun suurvalta-aikana aatelisille. Sanoiksi tämän pukee kansanedustaja: kukaan ulkopuolinen ei voi puuttua Kemijoki Oy:n hallituksen oikeuteen päättää mitä se joelle Sierilässä tekee. Muutama ihminenkö todella sanelee kokonaisen maakunnan valtasuonen käytön! Tällaiselle vallalle ei ole oikeutusta. Muistamme kehitysmaatutkija Markus Krögerin puheen joen pyhyydestä Intiassa. Nykyläänityksen pystyttäneet ovat syyllistyneet vääryyteen kansaa, luontoa, maailmaa ja pyhyyttä vastaan. Heidät tulee saattaa tutkintaan ja vastuuseen. Oliko oikeuksien ryöstö ja yksinvaltius noin totaalista edes keskiajan linnanherroilla tai kuninkailla, tuskin

Aikamme kansan edustajat edustavat linnanherroja, puolueesta riippumatta. Vastaava vallan keskitys toteutuu tieteen maailmassa. Esimerkin löydämme tuulisaimaan tanterilta. Lappeenrannan yliopistoon valitsivat rehtoriksi naisen tiedepolitiikan ylätasolta, akatemian ja brysselin kävijän. Ei aikaakaan, niin tuulisaimaan miehet lähettivät naisen sinne mistä oli tullutkin, valitsivat tilalle omansa, elinkeinojohtajan. Yliopiston hallitukseen kutsuttiin Elinkeinoelämän Keskusliiton ykkösmies Palacesta, mahtoi konjakki maistua. Mutta kas: hetken rehtorina sinnitellyt naisemme pulpahti Helsingin tiedepiireissä arvoiselleen paikalle. Pulpahtelu käy yhtä tiuhaan kuin yliopistojen kaappaukset, viimeksi Tampereen yliopiston kaappaus - Marja Makarow, Anita Lehikoinen, säätiön hallitus. Tiede, tieteeksi kutsuttu, on valtapeliä. Tieteen maailma ei ole älyllisen viattomuuden maailma.

Kuka oli Johannes Messenius? Se selviää Clarken matkakirjasta. Uppsalan yliopiston historian professori Messenius oli vankina Kajaanin linnassa. Miksi ihmeessä? Hän oli harrastanut (varmaan twitterissä) viestittelyä jesuiittojen ja katolilaisten kanssa. Oikeaoppisen Ruotsin mahtimies Oxenstierna siitä kimmastui. Ei professori saa hakeutua väärän tiedon seuraan. Upsalan professori tuomittiin kuolemaan, rangaistus muutettiin vankeudeksi. Messenius sai ilmaisen tripin Kajaanin linnaan ja eli vankina loppuikänsä. Näin on, twitterin sepot, arvottomiksi teidät tuomitaan.

Kajaanin linnassa historian professori Messenius kirjoitti kirjan Scondia Illustrata sekä riimikronikan Suomesta ja suomalaisista. Näin teemme mekin, jatkamme kronikoiden kirjoittelua. Ehkä vanginvartija salakuljettaa kronikkamme vankilan ulkopuolelle.

Mutta, nyt on kiire. Ehdimmekö hiljaisen kansan luo ennenkuin pellonlaidan lettukahvila sulkeutuu? Paljonko Suomussalmelle on matkaa.

Matkakirjeen jatko oli mietittynä, ehkä se vielä syntyy, näistä teemoista:

- Hiljainen kansa, Suomussalmi
- Susinartut (Suomussalmi, Turjanlinna)
- Ruka, moderni tuho.
- Kemijärvi, missä kaupunki, patoaltaan allako.
- Pelkosen niemi. Miksi ei Toivoniemi.
- Lapin menetetyt kylät, jokirannat, Suvanon tynkä.
- Lapin yliopiston politisoi, Lappi palaa sodasta -kirja.
- Pirttikoski, joki katosi, vesirakentamisen väkivalta.
- Millainen Kemijoen kulttuuri olisi ilman patoja.
- Vaientavat tarinat: valtio, hyvinvointi, modernisaatio.
- Miksi Lapin sodasta vaietaan, 1000 kuollutta.
- Kaunispään tuhottu polku.
- Elle Marja, pystypäinen elokuvassa Saamelaisveri.

Lukemistoa

Edward Daniel Clarke: Matka Lapin perukoille 1799. Idea Nova Oy 1997

Kati Rapia & Juha Hurme: Pyrstötähti ja maailmanlopun meininki. Teos 2018.

Juhani Kahelin: Virtavesien Suomi
http://www.essee.net/VirtavesienSuomi.html

* * *

Kaikesta kaiken

Hgin kirjamessuilla 2018 Kati Rapia ja Juha Hurme kertoivat kirjastaan Pyrstötähti ja maailmanlopun meininki. Kati kertoi löytäneensä 1600-luvun Forsiuksen, jota hän kutsuu pyrstötähdeksi, Suomen ensimmäiseksi freelanceriksi, ihmiseksi joka halusi tietää kaikesta kaiken mutta joka osasi myös rettelöidä. Kati halusi kokea Forsiuksen itsessään, käynnisti roolipelin, pyysi pari kuvataiteilijaa mukaansa, kovimmalla pakkasella Forsiuksen pororeen jäljille Lappiin, naama maalattuna, tilkka viinaa jos kylmä tulee. Pohjateksti löytyi Juha Hurmeen Niemi-kirjasta, päälle Forsiuksen kirjoitelmat ja ajan pöytäkirjoja. Renessanssi-ihminen Lapin raidoilla. Tunturin reunalla mennään mutta ajatuksellisesti äärestä ääreen. Mieleen tulee Leonardo da Vincin elämä. Kaikesta kaiken.

Johdatus trilogian seuraaviin osiin

Suunnitteilla on kolmiosainen kirjasarja. Käsillä oleva on sarjan ensimmäinen osa. Seuraavat osat käsittelevat (1) tieteen ja yliopiston maailmaa sekä (2) kirjallisuuden, kulttuurin ja taiteen maailmaa.

Parempaa johdatusta kirjasarjan toiseen osaan - tieteen ja yliopiston maailma - ei voi olla kuin on Pohjois-Suomen Historiallisen yhdistyksen julkaiseman kirjan 'Tieto vai mielikuvat' esipuhe. Esipuheen kirjoittajia Kari Alenius, Maija Kallinen ja Maria Julku kiittäen referoin sen keskeisen sanoman, lisäten pieniä kommentteja.

Kirja perustuu Oulun yliopistossa 2018 järjestettyyn seminaariin Tieto vai mielikuvat.

Mitä on tieto, esipuhe kysyy. Tätä kysymystä ei ylätason tiedepiireissä ole esitetty vuosikymmeniin. Ehkä he uskovat tietävänsä kysymättäkin. Tietofilosofia vaikuttaa kuolleelta. Yliopisto ja tiede on koulumaistunut, muuttunut viestinnäksi, tiedonvälitykseksi.

Mikä on tiedon vastapari? Onko se ei-tieto, valhe, luulo, mielikuva? Ovatko tieto ja mielikuvat vastakkaisia vai rinnakkaisia, toisiinsa vaihtelevin tavoin kiinnittyviä todellisuuden aspekteja? Missä määrin mielikuvat sisältävät tietoa ja miten mielikuvat ohjaavat niitä prosesseja, joissa jokin näkemys saa tiedon statuksen? Millainen on näiden välinen dynamiikka?

Klassisen määritelmän mukaan tieto on hyvin perusteltu tosi uskomus. Määritelmä ei ole tyhjentävä, vaan herättää lisäkysymyksiä. Millainen perustelu on hyvä? Se miten tosi ja totuus määritellään on monitahoinen filosofinen ongelma? Se miten todellisuutta havainnoidaan ja jäsennetään tiedoksi, on kulttuurisidonnainen asia. Moni totuus on ajattelun historiassa saanut muuttaa muotoaan.

Nämä kysymykset ovat kaikkea muuta kuin akateemisia. Rinteen/Marinin hallituksen ohjelma julistaa tietoon perustuvaa politiikkaa. Mihin tietoon? Kenen määrittelemään tietoon? Hallitus ajaa tiedeneuvontaa, oikean tiedon välittämistä poliitikoille. Mitä on oikea tieto? Vertaa edellä. Onko luonnolla alkuperä, mikä on luonnonmukaista. Politiikka, politikointi peittyy tieteen ja politiikan kieleen. On syytä olla varuillaan.

Platon ja Aristoteles lähestyivät tieton ja totuuden käsitteitä hyvin eri näkökulmista. Saati tänään. Kenen voi väittää valehtevan? Kuka on populisti?

On kysyttävä tieteen ja tiedon sosiaalista luonnetta. Tämän kysymyksen nykytieteilijät, varsinkin huipputieteilijät ohittavat erittäin harvoin poikkeuksin. Tieteellisen tiedon sosiologia, sosiaalinen epistemologia tutkivat tapaa, millä tietoa luodaan ja rakennetaan ja miten osalle tietoväittämistä muokkaantuu tieteellisen tiedon status, kun taas osa jää kiistanalaisuuden ja epävarmuuden tilaan.

Tiedon sosiaalisesta rakentumisesta julkaistiin 2018 tutkimus Hyödyllisen tiedon piirit, Tutkimuksia papistosta, rahvaasta ja tiedon rakentumisesta 1700-luvulla'. Käytännön havainnoin kirja näyttää kuinka valtaeliitti (1700-luvulla papisto) määrittelee oikean tiedon ja sulkee muut ulos. Onko tilanne tänään erilainen? Mene Tiedekulmaan.

Tietoa ja mielikuvia ei ole helppo erottaa toisistaan, ei käsitteellisesti eikä käytännössä. Mielikuvien, tiedon ja totuuden luonteesta on erilaisia tulkintoja, jotka perustuvat erilaisiin lähtöoletuksiin. Mikään oletus (premissi) ei ole osoitettavissa ihmisen valinnoista ja tulkinnoista riippumattomaksi ja sen kautta varmasti oikeaksi. Mainitussa esipuheessa viitataan Neisserin havaintosykliin.

Informaation käsittelyprosessi on syklinen, alku- tai loppupistettä ei siinä ole. Havainnointi ja käsitysten muodostaminen ei lähde liikkeelle mistään tietystä syklin vaiheesta. Olemassa olevat mielikuvat vaikuttavat siihen, miten ja millaista tietoa ihminen lähtee hakemaan. 'Tiedoista', 'skeemoista' ja 'etsinnöistä' on puhuttava monikossa. Skeemat (mielikuvat) perustuvat ihmisen aiempaan elämänhistoriaan. Niitä käytetään tämänhetkisten kokemusten jäsentämiseen ja tulkitsemiseen. Ne ovat epämuodollisia teorioita tapahtumien ja olioiden luonteesta, odotusten struktuureja, mentaalisia kehyksiä, joihin uudet tosiasiat sovitetaan. Skeemat määrittelevät sen mitä ihmiset pitävät totena. Tiedon etsintä ei ala nollapisteestä.

Henkilöihin ja tapahtumiin liittyvät skeemat ovat pohjana historian kulkua jäsentävien ja selittävien kertomusten eli narratiivien synnylle. Kertomuksen vaarat.

Lähteet ja lukemisto:

Tieto vai mielikuvat. Pohjois-Suomen historiallinen yhdistys ry 2019.

Hyödyllisen tiedon piirit. Tutkimuksia papistosta, rahvaasta ja tiedon rakentumisesta 1700-luvulla. SKS 2018.

Kertomuksen vaarat -tutkimushanke Tampereen yliopistossa.